幸せを呼ぶ「住まい」づくり

――住むことを真剣に考えはじめたら必ず読んでおくべき本

窪寺伸浩 著

Art Days

若いご夫婦の希望で作った「和室」

通常の4倍の容積があるひのきの
大黒柱を使った洋間

フローリングに、国産の厚み30ミリの
杉板を使ったリビング

木の香りが漂うトイレ

はじめに

『幸せを呼ぶ「住まい」づくり――住むことを真剣に考えはじめたら必ず読んでおくべき本』というこの長いタイトルの本を手にされた方は、ご運の良い方です。

なぜか……。住宅に関する情報は、まさにはんらんしているといっても過言ではありません。しかし「住まいの本質」(目的、役割、影響力)について書かれている本は皆無に等しいです。「住まいの本質」について知ってさえいれば、どれ程の種々雑多の情報も、またどんなハウスメーカーや建築会社の営業マンのアプローチにも、惑わされず、自分と自分の家族の幸福な家庭生活を築くことができる、と思います。

「住むこと」は、「衣・食・住」といわれるほど、人間の生存にかかわる三大要素の一つです。しかし、「住む」ことは、他の要素と違って、なかなか客観的に捉えることもできなければ、また、主体的にかかわることも、むずかしいです。

「食」つまり「食べる」ということは、最も「自分本位」にできる生活行為といえるでしょう。自分の手を使って、食べ物を、自分の口に運び、自分の歯でかみくだき舌で味わい、自分の胃袋に流し込むのですから、全て「自分で」、といっても間違いありません。そして、もし腐ったり、変なものを食べたなら、すぐに下痢をしたり吐いたりして反応が出ます。長期間にわたる食生活の傾向が悪い方に働けば、糖尿病になったり、高脂血症になったりするのです。

全て自分の意志で、食べる物を選んで、その結果も自分で受けているのです。きわめて判り易いです。

さて、「衣」の「着る」という事も「食」ほどの影響は無いかも知れません。しかし、裸の状態から「衣」を身にまとう事によって、動物から人間に成ったように、「衣」は社会性、人間性に影響を与えるものです。

着るものによって社会的地位や役割を示し、また着るものによって、その人間の心を明るくしたり、暗くすることもできます。やはり自分の意志で、着るという行為が成り立つ訳です。

では「住」はどうでしょうか。「住む事」を、客観的に捉えるのはなかなか難しいのではないでしょうか。たとえば、こんな人がいたとします。会社から帰って、風呂に入って、ビールを飲んで、ちょっとした家族の会話をする。晩ごはんとも夜食ともつかない食事をとりながら、テレビを観る。十二時頃には寝てしまう。そして翌日、ギリギリまで寝ていて、起きると共に会社に出掛けていく。この人は特別の人ではありません。どこにでもいるような典型的な男性サラリーマンの日常です。また専業主婦がいて、買物や用事で出掛ける以外、ずっと「住まい」の中で、家事などをしている、とします。では彼らは、「住まい」の中で、何をしているのでしょうか。その日常の中に、「住む事」とは何なのでしょうか。「住まい」の中で行われている諸々の事が、住む事といっても差しつかえないでしょう。住む事とは、住まいの中で生活する事、生きる事と同義である、といって良いでしょう。しかし「住まい」というものは、生活の背景であり舞台であるので、客観的に捉えることは、なかなか困難です。

「住む事」を真剣に考える時はいつか。それは「住まい」を求める時です。戸建て注文住宅にするか、建て売り住宅にするか、或いはマンション購入するのか、という時です。土地を探したり、リフォームを考える時も、自身の生活を見出し、「住む」、つまり「住まい」の中で生きることを問い直すときなのです。

住まいは、生きる事の背景であり人生の舞台です。どんなに忙しい方も寝る為だけには、住まいに帰られます。寝ている間は住まいの中にいて、その影響下にいます。寝室という環境の中にいて、その影響を無自覚のうちにうけています。

生活すること、人生を生きるということと不可分である大きな存在、つまり「住まい」を客観的に捉えることができれば、自分の人生をも、しっかり捉え、どう生きていけば良いかを考えることができるようになります。

「住まい」は単なるハードとしての建物ではありません。寝ていようと、テレビを見ていようと、何をしていようと、無自覚のうちに影響を与え続ける環境が、「住まい」なのです。

本書は主に戸建て住宅を念頭に、住まいづくりについて考えています。しかし住まいの本質は変わりません。建て売り住宅でも、マンションでも、或いはこれからリフォームをしようとする方にも、ヒントを与えることができます。

この「住む事を真剣に考えはじめたら必ず読んでおくべき本」の考えは、私のオリジナルではありません。冨田辰雄という棟梁で、住宅屋でありながら、「幸せを呼ぶ住まいづくり」に生涯をかけた男の思想による事が、大であります。しかしこの冨田とて有名無名の先達、職人たちの声無き声、文字に記されていない訓えを、まとめていったのでありまず。このタイトルは奇妙でありますが、この内容は、実は極く極く当り前のこととして受けいれていただけるものと信じます。

本書には、何か目新しい工法や知識、情報はありません。「住まいの本質」以外何も語っていません。この意味では、住まいの「哲学」であり、住む事の「素養」といっても差しつかえないでしょう。この「住まい」の哲学なくして、様々な住宅に関する情報、知識を取り入れることは、知識の整合性がとれずに、かえって頭の中を混乱させ、自家中毒するようなことになってしまいます。

この本を手にされて、住まいの本質を知り、住まいの中で、生き生きとした人生を送ることができるように成る方、まさにご運の良い方は、あなたです。

幸せを呼ぶ「住まい」づくり
——住むことを真剣に考えはじめたら必ず読んでおくべき本　目次

幸せを呼ぶ「住まい」づくり

——住むことを真剣に考えはじめたら必ず読んでおくべき本

第1章　失敗だらけの「住まい」づくり

人生を決めてしまう「住まい」

人生を決定付ける要因として、いかに「住まい」が大きいか。そのことを自覚している人は意外なほど少ないものです。

健康、精神状態、性格、人生観、価値観、恋愛観……、さまざまなものに深い影響を与えているのが「住まい」です。というと、にわかに納得される方は少ないかも知れません。睡眠時間を含めて、人生の一番長い時間を過ごす場所なのですから、当然のことなのですが……。

しかし、多くの人々の「住まいづくり」は、一番重要なことをしっかり考えていないから大抵失敗しています。

どんなに大金を使っても、どんな耐震性が優れていても、どんなに著名な設計家によって設計されていても、どんなに自然素材がふんだんに使われていても、良い「住まい」とは言えません。

「住まい」とは何か？

「住まい」を求める目的は何か？

「住まい」を求める人も、「住まい」を提供するハウスメーカーや住宅業者の人々も、この問いに明確に答えることのできる人は少ないと思われます。

ほとんどの方々が、「住まいづくり」は新築された住宅が目的であり、引っ越しして完結だと考えがちです。

しかし、実は「住まい」とは、ほぼ一生付き合っていかなくてはならないのです。完成して引っ越すことは始まりにすぎません。

今、「住まい」を建てよう、買おうとしている人が考えている関心事も、現在は重要なことかも知れませんが、長い目で見ると、五年、十年という視点に立ってみると大したものではない場合が多いのです。

「坪いくらで建てられるのですか？」

「耐震基準を満たしていますか？」

「オール電化がいいですか？　ガスがいいですか？」

「システムキッチンは〇百万円のものが欲しいのですけど……」

「高気密高断熱の家が欲しいです……」などなど。

大したものでないばかりではなく、逆に、長い時間軸の中で見るとマイナスに作用する場合が往々にしてあります。

この時間軸の長さが「住まい」を求める目的、住宅観を問うているのです。

あなたの「住まい」を求める目的、住宅観が、五年、十年、二十年という長い時間に耐えられるのか？　ということが、あなたの求める「住まいづくり」が成功するか否かを決めるのです。

さて、「住まい」を求めるほんとうの目的とは、何でしょう？

「住まい」は壊される

「住まい」は壊れる物ではなく、壊される物である。そう言ったのは、私の師である冨田辰雄です。名言だと思います。

世の中では、「百年住宅」「二百年住宅」を目指そうと、官民含めて声高に叫んでいます。

しかし、地方には百年、二百年を超える民家もありますし、都会でも六十年も経った家々もあります。

「百年住宅」「二百年住宅」という発想は、日本の住宅がわずか二十年余りで建て替えられているという現実、そして、「住まい」をあくまでも「建物」としてしか捉えていない、狭い考えから生まれています。

住む人も、住宅供給者であるハウスメーカーや工務店さえも、「住まい」が二十数年で建て替えられているのは構造的に立ち行かないから、と考えているようです。ですから、それを補うために構造的に強い、太い柱や土台を使うといった構造的な解決方法によって、「住まい」を長期優良にしようというのです。

しかし、実は、「住まい」は壊れる物ではなく、壊される物なのです。

例えば、富裕層の方々が暮らす東京・田園調布での「住まい」の平均寿命は、なんと約十一年六ヶ月といわれています。ちなみに、地方都市での「住まい」の平均寿命は約二十三年十ヶ月です。これは、「住まい」の平均寿命が構造的な問題ではないということを如実に証明しています。

私の師・冨田辰雄は、大手スーパーの創業者の田園調布での要塞のような豪邸を観て、「あれでは住んでいる人の心が荒んでしまう」と言っていました。これは、永年、田園調布に住んでいた冨田の経験値から出た言葉であります。

その言葉を裏付けるかのように、すぐに豪邸も取り壊される運命でした。

最近の住宅は住む人の虚栄心をくすぐり、そこに住む人たちは虚栄の人生を歩み出します。そんな生活は、家庭の破綻にもつながるのです。

「住まい」は壊れる物ではなく、壊される物であるという言葉のほんとうの意味は、人間らしい生活、幸福な家庭生活を満たすことができない「住まい」に住むのは二十年が限界ということなのです。

「住まい」が二十年しかもたない理由

「住まい」の寿命が二十年余りということは、「住まい」を建てたご夫婦の世代で終わってしまっているということです。

つまり、その夫婦の世代の個人的な「住まい」になっているが故に、平均二十年余の寿命しかないのです。「個人」が社会的に生きるのは、三十数年から四十年が限界でしょう。

しかし、その前の世代、つまり親世代、その後の世代、つまり子世代を入れれば、六十年から七十年の長さになります。

現代の日本においては、建物としての「家」ではなく、家系、家名の「家」という生命の単位がほとんど無くなってしまいました。

この「家」という言葉は、「家族」という言葉とはニュアンスが異なります。「家族」という観念では時間が短いのです。親よりもっと先の「先祖」という観念もなければ、子供よりもっと後の「子孫」という観念もありません。

生命を繋いでいくという思いがなくなれば、当然、「住まい」も一つの世代で終わってしまうのです。

また、住宅供給者にとっても、「住まい」という商品が百年も二百年ももってしまったら、商売があがったりです。機能性を重視する住宅設備、キッチンや風呂等に興味を持ってもらうことによって、テレビや冷蔵庫等の家電商品、あるいはパソコン、あるいは自動車といった一般的な商品の購入の延長線上に「住まい」を位置づけているのです。

住み手も住宅供給者も、「住まい」の目的、役割を知らないから、二十年しかもたない、二十年の生活しか考えていない「住まい」を建ててしまうのです。

構造、機能、デザインが良いのは当たり前

私の師・冨田辰雄はよくこんな例えをしていました。

「住まいの場合、構造、機能、デザインがどんなに立派でも、視力の合わない眼鏡がどんなに高級な素材でつくられたレンズでも、十八金のフレームでも、それだけでは役に立たない眼鏡と同じ、使う人、住む人の真の要望を知らずして、眼鏡にしても、住まいにしても、ほんとうの役割を果たすことはできません」

どんなに立派なデザインと素材を使った眼鏡のフレームがあっても、かける人の視力にレンズの度が合っていなければ、その眼鏡は使えません。

このことは誰もが理解できますが、「住まい」のこととなるとよく判らなくなります。「住まい」は単なる「建物」、極論すれば「雨露をしのぐ箱」で、誰が住んでも同じという考えが根っこにあるからです。

「住まい」において構造、機能、デザインが優れているのは実は当たり前のことで、ことさら業者が「ああだ、こうだ」と宣伝することではありません。

「住まい」の本質や役割を知らない業者が「住まい」を商品として売り込むために、構

造、機能、デザインをことさら重要なこととしてアピールしているのです。

そのようなハード的な価値がいくら高くても、それは良い「住まい」の必要条件であっても、十分条件ではないのです。

多くの住宅供給者（ハウスメーカー、パワービルダー、町場の工務店等）が「わが社の住宅の特質は……」といってセールスすることのほとんどが、このハード的な価値だけで発せられていると言っても過言ではありません。

そして、また、「住まい」を求める側の興味の対象も、残念ながらハード的なことばかりなのです。それは、どうしてなのか？

答えは簡単。判りやすいからです。眼に見える分野、手で触れる分野だからです。

それでは、眼鏡における「視力」や「度」にあたるようなものは、「住まい」では何でしょうか？

それは、ソフト的な価値です。

重要なことは、住む人の家族構成、年齢、性別、性質、趣味、嗜好、人格を知って、「住まい」が建つであろう敷地（環境）の中で、住む人が幸福になる「住まい」をどうつくっていくかなのです。

住宅ローン破綻は仕組まれている？

住宅ローン破綻の原因は、どこにあるのでしょうか？　日本の場合、アメリカのサブプライムローンと同列に論じてはいけないと思います。日本人の多くは真面目に働いて、自分の「住まい」を求めている方がほとんどです。

破綻の原因には外的要因、勤務先の会社の倒産やリストラなどがあるかも知れません。しかし、実は、それだけではない原因があるのです。自分の収入以上の「住まい」の規模、設備を求めた結果による場合です。

しかも、それが建て主だけの責任とは限らないのです。「住まい」を提供する側が、自社にとって都合の良い住まいづくりをしている場合、このような事態が起こる場合があります。

つまり、より高い売り上げが欲しい場合、必要以上に広い間取りをつくったり、必要以上に高価な設備や、建築素材を、購買欲をくすぐるようなかたちで売りつけることが往々にしてあるのです。

住宅供給業者にとって、住まいづくりはビジネスであって毎日繰り返されることです。しかし、建て主にとって、住まいづくりは一生に一度の事です。当然、「つくり手」である住宅供給業者と「住み手」である建て主の間には温度差があるのです。

ビジネスそのものは悪いことではありません。しかし、ビジネスとしてしか住まいづくりを考えていない業者であれば、業者にとっての都合の良い住まいづくりになってしまいます。

一生を担保にして得た貴重なお金が、「住まい」の本質を知らない、儲け主義の業者に無駄遣いされるとしたら、ほんとうにもったいないことであり、怖ろしいことです。

住宅ローンという、まさに自分の一生を担保にして借りたお金で建てた「住まい」で病気になったり、家族が不和になったり……。しかし、そんな酷いことが実際に起こっているのが現実なのです。

不幸になるために「住まい」を建てるのでしょうか？　富裕層の方々が暮らす東京・田園調布における「住まい」の平均寿命はなんと約十一年六ヶ月。

北海道の大異変

「お相撲さんは、どこの出身者が強いと思いますか？」

かつて、「住まいの勉強会（ホーミー教室）」で、冨田辰雄がよくした質問です。今ならモンゴルという答えが返ってきそうですが、昔は北海道です。

ちなみに、パソコンで「横綱　北海道」で検索すると、ウィキペディアの「北海道出身の横綱一覧」という記事が出てきます。

そこには「北海道出身の横綱は八人で全都道府県中最多であるが、北勝海の引退を最後に北海道出身者の横綱はもとより、大関も誕生しておらず、北海道相撲界の地盤低下を心配する声も聞かれる」と書かれています。

大鵬、北の富士、北の湖、千代の富士、北勝海、大乃国。相撲に興味の無い方であっても、一度や二度は聞いたことのある横綱の名前でしょう。

現在は幕内にすら、北海道出身者はいないのかも知れません。しこ名に「北」が入るのは、北海道出身を意味するのですが、その「北」を名乗る力士を見ることがなくなりました。

冨田辰雄の仮説はこうです。

「高気密高断熱住宅に住むようになって、北海道の人々は新鮮な外気が不足して、身体的に弱くなって、強い相撲取りがいなくなったのだ」

私にも何人かの北海道の友人がいます。冬、東京に来ると、口を揃えて「東京は寒いね」と言うのです。

北海道は日本の最北に位置し、一番寒いところという印象があるのですが、今や北海道の日常は、高気密住宅によって寒いどころか「真冬でも部屋の温度を上げて、半袖シャツで生ビールを飲む」ほどの快適さ（？）ということです。

相撲取りは、巨大な身体で瞬発力を発揮するために、心臓や肺に新鮮な空気が必要です。北海道のような寒冷地で、冷たい新鮮な空気を吸うことによって名横綱は生まれてきました。

しかし、その「住まい」環境を、「真冬でも生ビール」がキャッチフレーズというわけでもないでしょうが、新鮮な外気の不足する「高気密高断熱住宅」という環境に変えてしまったのです。

「夏涼しくて、冬暖かい」という事は決して悪いことではありませんが、「夏は暑く、冬は寒い」という自然の状態と対立するものであると「不自然」を生んでしまいます。

この「不自然」の弊害は、結露を起こしやすくし、カビやダニを発生させます。ダニの死骸などによって、アトピー性皮膚炎、ぜんそく、アレルギー等の症状を引き起こすことになります。

その上、新鮮な空気を「住まい」という環境から遮断することによって、住む人の心臓や肺を弱める結果にもなってしまうのです。

「高気密高断熱住宅」は万病を呼ぶ

そもそも「省エネ」を目的とした「高気密高断熱住宅」は徐々に一人歩きして、あたかも素晴らしいシステムのように評価されてきました。

「高気密高断熱住宅」を単純化すると、外気を遮断して、室内の温度を一定化するということです。

しかし、室内にホルムアルデヒドのような有害物質があったら、室内の空気の状態はたちまち汚染されてしまいます。シックハウスです。

このシックハウスの問題も、主に住宅建材に使われている接着剤の中の化学物質の問題になってしまっています。もちろん、化学物質が規制の対象になったのは当然です。

しかし、それ以上に、その有害な物質が室内にとどまってしまう環境の方がより問題だと思うのです。

外気を遮断して一定の温度の中で、有害物質を揮発する新建材と共に生活する、これが現代住宅です。

このシックハウスの解決のため、二十四時間換気が義務づけられました。おかしくありませんか?

「省エネ」のために「高気密高断熱住宅」をつくり、空気が汚染されたことが判ると、二十四時間強制換気する。今度は換気するための電力がもったいない。

それならば、自然換気、通気の工夫をした方が良かったし、そもそも「高気密高断熱」などというシステムに乗り換えなければ良かったのです。

従来の日本の自然環境(当然、地方によって違い、その地方に合った工夫がなされるべきです）に合った、軸組工法と間取りプランの研究によって、新鮮な空気を「住まい」という環境の中に取り入れることは可能ですし、それこそが本道なのです。

「高気密高断熱」、シックハウス、二十四時間強制換気は、まさに三題ばなしです。「住まい」を一つの局面からしか見ないで、あれこれいじくり廻した結果、とんでもない事態を引き起こしたとしか思えないのです。

「高気密高断熱住宅」は、諸々の病気を呼び起こします。

「密閉住宅」による酸素不足で発症する病気はガン、脳卒中、心臓病などがあげられます。

とくに、睡眠時には気をつけなくてはなりません。空気が循環せず、重い二酸化炭素が部屋の下の層にたまってしまい、酸素不足になりがちです。

寝おきが悪い。安眠ができない。寝ても疲れがとれない。それは、寝室の室内環境に問題があるのです。

第2章　「住まい」の環境問題

「住まい」は「建物」ではない

多くの人は、「住まい」を単なる「建物」と考えています。

世の中がこれほど進歩して豊かになっても、いまだに住宅を「雨露しのげれば良い」程度の「建物」としてしか考えない方が、意外なほど多いのです。

「住まい」イコール「建物」という固定観念は非常に根強く、「住まい」が住む人に様々な面で影響を与えるという知識がないために、「住宅なんて、何でも同じだ」と建て売り住宅を衝動買いされる方々がいるのです。

「住まい」イコール「建物」という観念には、そこに人間が住んで生活するという考え方が欠落していることが多々あります。

たしかに、物や自動車を入れる倉庫だったら、物や自動車をよりよく保存するのが目的ですから、それに合った「建物」でも良い訳です。

しかし、人間は、物や自動車とは違うのです。

人間が住むという考え方が欠落してしまうと、例えば倉庫のようなコンクリート打ちっぱなしの「住まい」になっても良い、ということになります。デザイン性だけを重視する余り、住んでみると不便な「住まい」が往々にしてあるのです。

また、地震や津波という大天災が問題になると、新たに核シェルターのような建物が考案されたりします。それが間違いというわけではありませんが、「住まい」の持つ多様な側面に無理解で、耐震性などに特化させてしまうと、核シェルターのような建物になってしまうのです。

現代において、「住まい」の持つ多様な側面に無理解だから、結果的に住む人を苦しめる「住まいづくり」がいかに多いことか……。

「住まい」は環境である

今や、「環境」という言葉を、私達が目や耳にしない日は一日もありません。

オゾン層の破壊、地球温暖化、地殻変動による大地震等々、地球レベルの環境問題はよく話題にされています。

当然、日本の国レベルの環境問題も日々、話題に上ります。

例えば、福島県第一原発事故によって放射線がどこまで飛んだのか？ その被曝量がどれほどあるのか？ そして、それが地下水や土壌、農作物等にどのような影響を与えてるのか？

地域レベルでも、環境問題はよく話題になります。例えば、東京でもA区の方がB区よりもセシウム検査量が多い等々。

しかし、それらのレベルの環境が問われ、話題になっても、日常生活における環境については意外なくらい問われていないのです。

日常生活における環境、人間にとってもっとも身近な環境は、「住まい」なのです。

どんな忙しいビジネスマンでも、寝るという行動、生活様式は、「住まい」という環境の中の、さらに小さな寝室という小環境の中での影響を受けてしまうわけです。

主婦や子供たちは、毎日のほとんどを、そして長い年月を「住まい」という環境の中で影響を受けているのです。

身体の健康だけでなく、人格や性格という精神面にも、「住まい」が影響しているのです。

インターネットのウィキペディア（フリー百科事典）で、「環境」という言葉を調べてみると、こんなことが書いてあります。

「環境は、広義においては人、生物を取り巻く、家庭・社会・自然などの外的な事の総体であり、狭義においてはその中で人や生物に何らかの影響を与えるものだけを指す場合もある。特に限定しない場合、人間を中心とする生物に関するおおざっぱな環境のことである場合が多い。環境は我々を取り巻き、我々に対して存在するだけでなく、我々やその生活と係わって、安息や仕事の条件となり、また狭義の環境については、我々が汚染し、破壊するという関係性の中で大きな問題になってきた」

さらに「生態学（英 ecolory）は、生物と環境の間の相互作用を扱う学問分野である」と想定しつつ、「生物は環境に影響を与え、環境の生物に影響を与える」としています。

「住まい」という環境は、人間によってつくられ、人間そのものも「住まい」という環境によって影響を与えられているのです。

シックハウスとは病気を生む「住まい」

二〇〇三年、国土交通省は「シックハウス」に関する法律を制定しました。

これはまさに政府が現代住宅を「シックハウス」、つまり「病気住宅」「不健康住宅」と認定したことになります。

国土交通省は建築基準法の改正を行い、国民に住宅環境改善の義務付けをしました。国民のプライバシーである家庭生活に干渉せざるをえないほどに、現代住宅の環境が汚染されているのです。

しかし残念ながら、状況はほとんど改善されていないのが現実です。なぜなら、健康のために良い「住まい」が人々にしっかりと認識されていないからです。

実は「住まい」によって、様々な病気が引き起こされています。

ところが、一般的には住宅で使用される新築材などに含まれるホルマリンなどの化学物質に問題があり、化学物質過敏症という特定の体質の人の問題にすり替えられるきらいもあります。

化学物質の問題だけではありません。「高気密高断熱」をうたう「密閉住宅」によって引き起こされる空気の汚染にも大きな問題があるのです。

アトピー、ぜんそく、偏頭痛、冷えによる様々な病気、生理不順、ホルモン異常……。

身体だけではなく心の病気、情緒不安定、鬱などの病も、「住まい」によって引き起こされています。

現代住宅はまさしく「シックハウス」なのです。

寝室の空気汚染

どんなに忙しい方でも、「住まい」には寝るために帰ってきます。誰もが、寝ている数時間は確実に寝室という「住まい」の環境の影響下にあるのです。

成年男女が一時間に吐き出す二酸化炭素の平均量は、昼間の軽作業時で十七リットル。睡眠中でも八・四リットルも吐き出されています。

会議などで閉めきった部屋にいると、頭が痛くなった経験がありませんか。それは完全に酸欠状態です。会議に参加している人達の二酸化炭素を吸っているのです。

「住まい」の自然換気は、外部の風速が一メートルで、「住まい」の内部と外部の温度差が五度の場合、鉄筋コンクリートで〇・三〜一・〇回、木造大壁で〇・五〜三・〇回、板張りで一・五〜四・五回、木製建具使用の和風住宅で三・〇〜五・〇回といった、換気がなされると言われています。

木製建物使用の和風住宅は、スキ間風を含めて、空気の流れは良くなされます。健康には非常に良いです。しかし、寒い。

日本の気候は高温多湿が基本です。そのため、平安時代の昔から、日本の住まいは「夏を旨とせよ」と言われてきました。いかに内部の湿気や暖まった空気を外に出し、冷たい新鮮な空気を外から内に入れるかを考えてきました。

今日の住宅を換気は、その逆の発想にあります。

寝ている時に、換気はできません。息苦しくなったから、いちいち窓を開けていては、安眠もできません。機械による換気に頼っていては、うるさくて安眠できません。

寝室は、空気の汚染という脅威にさらされているのです。

衝撃的なマウスの実験

静岡大学で生活環境に関する、マウスの実験が行われました。

マウスのつがいを同一の環境下で、木製、金属製、コンクリート製の箱の中に住まわせて、これらの異なる「住まい」がマウスにどのような影響を与えるかということを調べました。

まず、「生存率」。生まれた子マウスたちが二十三日後に何匹生き残っているのかという実験です。

木の箱の「生存率」は、八十五・一パーセント。

金属製の箱では、四十一パーセント。

そして、最下位のコンクリート製の箱では、「生存率」が六・九パーセントしかないのです。

木の環境とコンクリート環境では、これほどの差があるのです。

「生存率」もさることながら、個体の臓器の成長ぶりにも大きな差がありました。

金属製、コンクリート製は、木製に比べると、卵巣が四十パーセント、子宮が五十パーセント、精巣にいたってはわずか二十五パーセントしか成長しないという結果が出ています。


どうして、このような結果が出たのでしょう?

素材の異なるケージでのマウスの生存率と成長

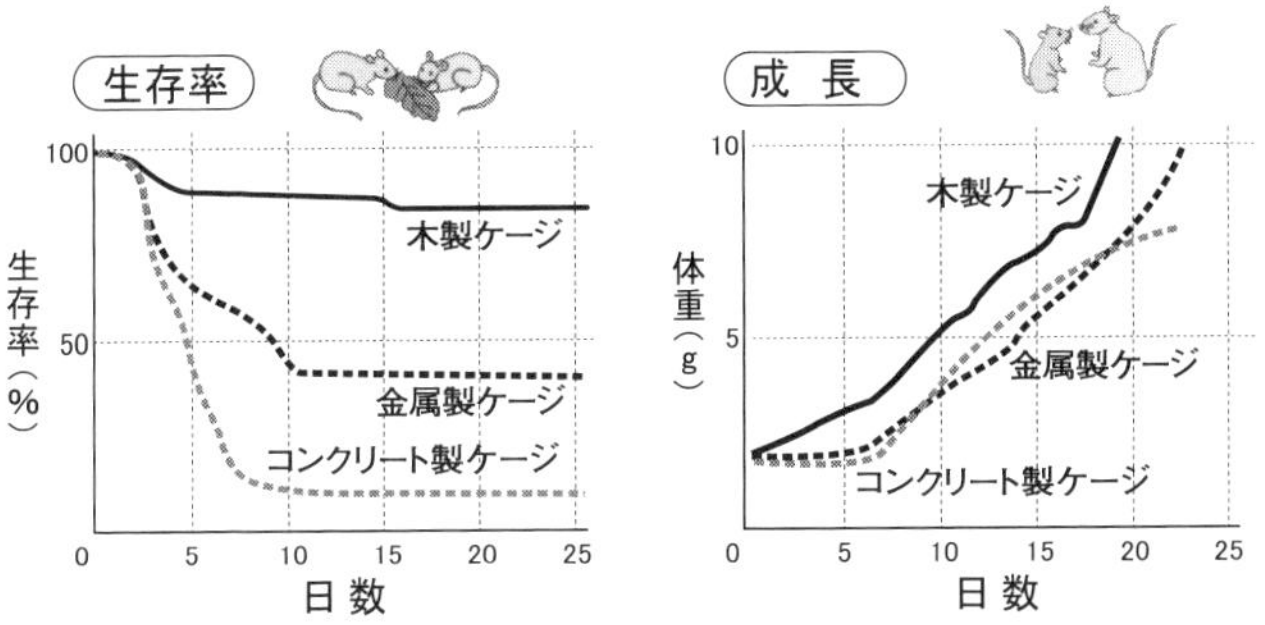

資料:伊藤 他:静岡大学農学部 報告(1987)

特別養護老人ホームにおける入居者を対象とした施設の木材使用度別の心身不調出現率比較

入居者の心身不調の内容	対入居定員比(%)	
	木材使用の多い施設	木材使用の少ない施設
インフルエンザ罹患者	16.2	21.4 ※
ダニ等でかゆみを訴えた入居者	4.4	5.4
転倒により骨折等をした入居者	8.0	12.1 ※
不眠を訴えている入居者	2.4	2.4

※は有意差(P＜0.01)のもとめられたもの
資料は:全国社会福祉協議会「高齢者・障害者の心身機能向上と木材利用・福祉施設内装材等効果検討委員会報告書」調査期間は平成9年12月から平成10年1月。

一番考えられる要因は、木製に比べると、金属製、コンクリート製共に「体温を奪い、冷える」ということです。

金属製の場合は、マウスが壁面に寄り添えば暖かくもなります。しかし、コンクリート製の場合は、熱そのものを奪うことになります。

一方、木製だと、温もりがあり、熱を奪われにくいのです。また、マウスが汗をかいても、木そのものに吸湿性があるため、マウスの体力の消耗につながらないのです。

例えば、母マウスが子マウスに乳を与える時、鉄製やコンクリート製の場合、冷えがあるので短時間しか横になることができないので、子マウスは母乳を飲むことがあまりできません。

それに対し、木製の箱では暖かいので、母マウスもゆったりと子マウス達に乳を与えることができるのです。

コンクリート製の箱の中では、子マウス同士のケンカ、子殺し、育児放棄をする母マウスなどの現象があらわれてくる、とのことです。

現代社会で急増しているいじめ、いざこざ、子殺し親殺し、育児放棄（幼児虐待）といった社会現象も、コンクリート製の「住まい」から生まれてきたと言えるのではないでしょうか。

木こそ健康の秘訣

マウスの実験に携わった有馬孝禮先生（現・東京大学名誉教授）は一応ことわっています。「これはあくまでマウスの実験であって、マウスに出た結論で、人間のことではないですよ」人間でマウスのように「住まい」と生存率の関係を、また臓器の成長度合を実験することはできません。しかし、「マウスに悪いことは、人間にも悪い」という「仮説」を立てることは当然のことです。

ただし、権威ある大学の先生が「人間の住環境としてコンクリートは不適格である」という意見を述べたら、社会的問題になることが目に見えています。

今日の学校、マンション、オフィスビルなどの大型の建造物は、ほとんどコンクリートによるものです。それを否定したら、大多数の人々の生活をおびやかすことになります。「コンクリート住環境にいる人間は、早死にする可能性がある」などという結論が出たら「シックハウス」や「耐震偽装」以上の社会問題になるかもしれません。今日の日本の住宅、建築業界及び行政の在り方にまで、批判、非難は集中するでしょう。

有馬先生は、マウスの衝撃的な実験結果に対して救いとなる実験結果も出しています。コンクリート製や金属製の箱の中に、木の板を貼ることによって、木製の環境と同じような結果が出たというのです。生存率も個体の臓器の成長ぶりも、ほぼ同じような結果が出る、というのです。

つまり、「目に見えて、手に触れられる」ところに木を使うことが効果的であり、重要なのです。

マンション住まいの人でも、鉄筋コンクリートの校舎でも木質化（木質内装化）することによって、環境の質を変えることができるのです。これは一つの朗報ではないでしょうか。

また、身の回りに植物を置くことも有効です。

六畳一間のアパートで暮らす人もいるでしょう。ひと鉢でもいいから植物を育てることをお薦めします。

「住まい」は社会の器

人間の寿命は長いため、「住まい」という環境からどのように生理的、心情的に影響を受けるかということは、マウスの実験と違って、そう簡単には証明できません。

しかし、生理不順、不妊症等が、今日の住宅による「冷え」の問題に何らかの影響を受けているとは推察できます。

また、子供がいても、引きこもりになったり、親子間の断絶が起きたりするのは、「住まい」の「間取り」に原因があります。

親子が集う場、親が親としている場、子が子がとしている場をつくっていないことが問題なのです。

家庭は、最も小さな社会です。「住まい」は、その社会の器です。

子供は「住まい」の中で、社会のルールを学ぶのです。父親は父親としての、母親は母親としての、子供は子供としての、差別ではなく、区別、秩序を学ぶのです。

家庭のルールとは、昔風に言えば、「躾《しつけ》」という事です。

いじめ、引きこもり、家庭内暴力、あるいは親殺し、子殺しなどといった問題も、「住まい」の間取りの問題、家庭という最小社会でのルールの学習不足によるものと考えられます。

「住まい」環境が人格をつくる

私は「住まいの勉強会」の中で、こんな質問をします。「水を出す動作をジェスチャーでしてみて下さい」と。

大概の人は、蛇口のコックをひねる、くるくる回す仕草をします。しかし、「ほんとうですか? よく、ご自分の住まいの事を思い出して下さい」とお聞きすると、「あっ、そうだ。ウチはレバー式だ」という方がよくいます。

コック式のひねる動作をされるのは、今の生活様式ではなく、過去の、特に子供の頃からの動作、生活様式が無意識の中に出ている場合があるのです。

今では、レバー式で水道の水を出すのではなく、手を差し出せばセンサーが感知して自動的に水が出るタイプのものも、公共的な場だけでなく、「住まい」にも普及しているのではないでしょうか。

コック式の蛇口をひねって水を出すタイプ。レバー式で水を出すタイプ。センサー感知式で手を出すだけで、水を出すタイプ。

さて、この三つの機能はどこが同じで、どこが違うのでしょう？

「水を出す」という目的、機能は同じです。しかし、前二者は、水を出そうとする人の意図を人間の側で調整するのです。もちろんセンサー式でも、手を出すという意志と動作、手をひっこめるという意志と動作によって水を出したり、水を止めたりしているといえるかも知れません。

しかし、前二者は水の量を調整することができます。コック式ならば指の動かし方一つで、出したい水の量を微妙に調整することができます。さらに水を出すのをやめるという事、つまり後始末も自分の手と指で行わなければなりません。

コック式の蛇口で水を出したり、とめたりすることをし続けた子供と、センサー感知式で水を出したりした子供とでは、将来、どんな違いが出てくるのでしょうか？

こんな「住まい」に住む子供を想像して下さい。

人体感知式型のセンサーで電気をつけることも消したこともない。バスタブの中で、お湯にゆっくりつかりながら壁面についているテレビを見ている子供。好きな番組が終わるまで、一時間も、二時間もお風呂に入っていたとしたら……。

「住まい」には、生活上必要な機能がついています。

しかし、その機能を「便利さ」を追求するあまり、本来の目的から逸脱して、便利さを通り越して、住む人の社会性や、生命の機能を低下、惰弱させることになってしまうのです。

行動が生活様式になり、生活様式が生活習慣になります。生活習慣から性格がつくられます。

その性格が、その人の人格をつくります。そして、やがて運命、人生まで左右していくのです。

日本の民家が理想だった

アメリカの、環境心理学の世界的権威だったエルズワース・ハンチントン博士は、住宅が人間にとってきわめて重大な役割をもっていることを強調しました。

「住宅は人間にとって中心的な生活環境であり、その環境作用は、家族の運命を左右す

る原因となりかねない」という主旨のことを説いています。（『気候と文明』岩波文庫より）

一九三八年には来日して日本の民家を視察し、「日本人の優れた民族性は、その住まいの環境で培われた。やがて、この民族は世界のリーダーシップをとるだろう！」と絶賛しました。

世界有数の経済大国になる原動力となった日本人の、感性や情緒や知性は、豊かなる四季と、自然と調和した素朴な民家によって培われてきたのです。

しかし現代、日本の住宅は洋風化され、かつてハンチントン博士が絶賛した住環境が失われています。それによって、日本人の優れた民族性も失われつつあります。

「高気密高断熱」の「密閉住宅」、機械換気に頼る室内空調では、豊かな人間性、正しい分別をもつ人格も、勤勉な精神、忍耐力も育まれるかどうか、はなはだ疑問です。

リフォームを環境改善として捉える

テレビでリフォームのビフォー・アフターの劇的な変わり様を放映したり、又、大手ハウスメーカーが、新築に匹敵するようなリフォーム工事を事業として大々的に打ち出したこともあって、リフォームというものは、社会的認知を得ていると思います。

そもそもリフォームとは何んなのでしょうか。昔風に言えば、大工・工務店が行う営繕や増築増改といったところでしょう。さらに「住まい」の維持に関わる小規模な様々な工事といったところでしょうか。「棚一つつけてちょうだい」とか「押し入れをつぶして部屋を広くしたい」などの要望に応えて行われた「営繕仕事」が、いつのまにかリフォームになってしまったのです。新築の現場は、長期的安定的な仕事を大工・工務店に与えてくれます。一方「棚一つつけてちょうだい」といったリフォームの仕事は短期間で不安定で、大工・工務店も、後廻しにしてきたような気がします。しかし住む人にとって、棚一つつけることも、重要なことであるのは言うまでもありません。

新築を中心にしてきた住宅産業界。大は大手ハウスメーカーから小は地場の大工・工務店まで、新築こそがビジネスの中心にあり、商売のタネだったのです。しかし、日本の社会が少子高齢化したり、未婚の男女が増えたり、さらに経済そのものが停滞していく中では、住宅を求める人が減っています。住宅産業の経済指標である新築着工数が百万戸割れとなってから既に数年が経っています。

リフォーム業者は、元々の住宅産業の中核である建築会社や大工・工務店出身でない場合が多いように思えます。それは、建築会社や工務店が新築仕事中心で、お客様（住む人）の様々な要望を即座に対応して来なかったからです。水道屋さんやガス屋さんなど急を要する仕事の職人さんが、リフォーム会社を立ち上げているというケースもあります。そして、ここでも、工務店や大工さんが逆に使われているという現状もあります。

リフォーム業界も、住宅産業の成り立ちと同じで、「こっちの水は甘いぞ」とか「なんか儲りそうだぞ」という安易な気持ちで参入する業者も多くあります。

何んの効果もない耐震用の金具取り付け工事を常識外の値段で施工する悪徳リフォーム業者、また「床下診断させて下さい」などといって入り込んで、床下からあたかも取り出したように、虫喰いや腐った木片を見せて、「改修工事が必要ですよ」とか「床下換気が必要ですよ」といって法外な価格のリフォーム工事をする詐欺師のような者達。

リフォームが、「住まい」の構造、機能、デザインといった「ハード面」のみの改善とばかり考えると、大きな失敗があります。

たとえば便器の前に立てば、便座のふたが開き、立ち上れば自然に流れる。たしかに便利です。しかし便利過ぎて、人間の本来ある力を弱めて、過保護にしてしまうことにもなりかねません。ちょっとした機能の変更。しかし、それがどんな影響を住む人に与えるのか。生活習慣が変わって、どう人生に影響するのか、ランニングコストはどうなるのか、など冷静に考えてみる必要があります。

リフォームは、今ある「住まい」の環境を変えることになります。「住む事」の在り方を変えることになります。当然、住む人のライフスタイルに変化と影響を与えます。

「住まい」という大枠が出来ているのだから、「棚一つくらい、どこにつけたって」大《たい》勢《せい》に影響はない、と考えるのではなく、「住まいの勉強会」（ホーミー教室）で、一から住まいの事を勉強するくらいの気持ちが必要です。何故なら、今やリフォームは、新築と同じような金額、規模の工事はいくらでもあるのですから。

さて、そのリフォーム業者の方々が、住まいの本質を理解している方であれば良いのですが、現実はどうでしょうか……。「住まい」づくり同様に、真剣に良い業者を選びましょう。こんな質問をするのも一つの目安になるかも知れません。

「この会社の親会社や元の事業は何んですか？」

「御社の社長さんは、建築業界のご出身ですか？」

などの質問をすれば、全くの異業種からの参入かどうかも、よく判り、住まいとリフォームをどのように考えているか推測することはできます。

リフォームは、「住まい」という環境を改善する事業です。それが「改悪」になってしまうかどうかは、やはり、「住む人」の意志と見識に関わってくると思います。「棚一つとりつける」のにも、どれ程真剣に自分の人生と環境を考えているかによって変わってくると思うのです。

第3章　「住まいづくり」の極意は「間取り」

幸せを生む「住まい」

再三再四、本書で「幸せを呼ぶ住まい」という言葉を使っています。幸福と住まい、常識的に考えると、なんとなく、うまく結びつかないテーマのようにも見受けられます。風水とか家相とかなの……と思われる方もいらっしゃったことでしょう。

特に「幸せ」という言葉に抵抗感を持たれる方も多いでしょう。幸福、しあわせ、ハッピー。誰もが欲しく、求めていること。誰もが欲し、求めている状態。しかし何かフランクに言えないし、深く考えていない事。幸福なんていうと、なんかの宗教ですか？　と言われそうだし、何か口はばったい、照れ臭い感じがする。当り前の事を当り前に言えない。一番価値のある幸福ということに対して、真剣に向き合えない。そんな日本の社会が病んでいることを象徴しているような氣さえします。

３・11の東日本大震災で、被災地の方々は、仕事を、家を、財産を、車を、船を失いました。そして何より多くの生命を失いました。今迄当り前だったと思えた事柄、例えば家族がいる、仕事がある、住まいがある、そんなことが、一瞬の津波で押し流されてしまったのです。今迄当り前だと思っていたことが、実は様々な、不思議な、ご縁の上に成り立っていることに氣がついたのです。当り前だと思っていたことが実は「有り難い」こと、有り得ないこと、有り難いから「ありがたい」ことに氣がついたのではないでしょうか。

被災地でない私達も、この大震災を当初は謙虚に受け止め、「絆」などといって、被災地の人々の苦しみを吾が苦しみとして受けとめようとしたりもしたが、今はどうでしょうか。もう他人事になっているし、「今、ここに生きている」ことの不思議、有り難さへの感謝など、また忘れてしまっているのではないでしょうか。

幸福と、幸福感は違います。幸福感は、「ああ、幸福だなあ」と思う瞬間的な感情です。幸福は、永続するものです。永続しなければ、幸福とは言えません。「ああ、あの時が幸福だったんだなあ」と過去を思ったとしたら、それは悲しいことです。幸福を失えば、ずっと不幸になってしまうという生き方では、人間としては淋しい生き方だと思います。

不幸の芽を取り除き幸福になる努力、工夫することは、人間の努めであると思います。同時に、このままで幸福だ、このままでありがたいという感謝できるのも、人間の素晴らしさだと思います。

「住まい」と「幸福」という主題は、一見結びつかないようですが、「人生は、幸福であること」に価値をおくとすれば、人生の大半を過ごす「住まい」もその延長線にあるべきでしょう。

ですから、「住まい」を求めることは幸福になるためという目的を離れては存在しえません。

この「幸福」になるための「住まいづくり」という考え方は、私自身の専売特許ではありません。私の師である冨田辰雄という、幸福を生む「住まいづくり」に生涯をかけた人物の発案です。

冨田辰雄はこの理念に基づき、数千棟の注文住宅を建ててきました。そして、その理念に共鳴した日本全国の工務店、木材会社、設計者によって「ホーミースタディーグループ」という住宅環境研究グループを組織結成しました。

幸福を生む「住まいづくり」には、答えがありません。

それは住む人一人一人が違う個性を持ち、違う家族構成の中で、違う敷地の中で、住まいを建てるのですから、どこかのハウスメーカーのように「幸福を生む住まいA、B、C」といった単純な発想ではないのです。

まさに、千差万別なのです。

住み手とつくり手の双方が真剣に求めない限り、幸福を生む「住まい」は簡単にできるものではありません。

しかし、幸福を生む「住まい」は存在します。

住むことによって、心身が健康になり、家族のみんなが信頼され、調和された人間関係になり、子供達が健やかに育ち、日々の自然の恩恵をうけられるような「住まい」です。

住む人一人一人がしっかりと求めさえすれば、それは実現するのです。

そのためには、しっかりとした「間取り」プランから始めないといけません。

「間取り」プランとは？

師・冨田辰雄の絶版となった書物から引用させていただきます。

「家庭における中心人物は家族全員がその人を中心に集まり、しかもその人が家事万端をこなす責任者であるということから、一般的にいえば主婦でしょう。

家庭生活にあって、家族の誰もの心身の健康が望まれますが、中でも主婦の健康の良否によって家庭全体の明暗が左右されるものです。（中略）

間取り計画は、家族にとって重要な場所の順に何を求め、どうあるべきかを検討して、位置や広さ、他の部屋との関係を考え合わせて決定することが大切だと思っています。

そこで、住宅における利用目的を大別し、正しい環境の配分できる方法を研究してきました。

根幹――家庭生活で中心的役割を果たす場所。台所、食堂、居間または茶の間

準幹――根幹に準ずる場所。玄関、寝室、子ども室、便所

枝幹――特別の役割や機能ももつ部屋。洗面所、浴室、客間、納戸、その他。

このように住まいの要素を三つに分け、それぞれの役割を徹底的に考えながら、間取り計画（環境配分）を練りあげていきます。

さらに各部屋各部分の役割を明確にしていきます。たとえば、窓の位置や大きさは敷地環境に適応させて考えていきます。自然の恩恵（日照、風通）を効果的に取り入れ、生活の流れに従って自然との関係を配慮します。

また、各室の出入には単に動線の合理性だけでなく、数歩無駄な距離でも物を置く位置や室内環境を考慮に入れます。

この場合、プランナーと施主は目的と役割について確認し、お互いに理解、納得しながら図面化すべきです。つまり設計図は、施主とプランナーの打ち合わせによる、理解、納得の集約でなければなりません。」（『棟梁辰つぁんの住宅ルネサンス』冨田辰雄）

「間取り」プランとは、家族にとっての重要な部屋の順に、何を求めて、どうあるべきかをじっくりと検討して、位置や広さ、他の部屋との関係を考え合わせて決定していくことです。

「住まい」が永続する条件

第一章でも説明した「住まい」の寿命が二十年余しかない最大の要因は、まずい「間取り」プランにあるといっても過言ではありません。

「間取り」プランは、住む人のさまざまな欲求を「幸福な家庭生活」というほんとうの目的に導くことです。意匠設計とも、単なる設計とも違います。

それは、プランナーが決めたことでも、プランナーの作品でもありません。住む人とプランナーの合作なのです。

「間取り」プランについては、私の師・冨田辰雄は心血を注いで取り組んできました。いくつもの「間取り」プランを考え出しましたが、実はそれとて一つの「絵」に過ぎません。住む人の家族構成、敷地の環境といった要素を加味しなくては、単なる「絵」で終わってしまうのです。


よく設計家の方々が、民間の住宅に、「作品○○の家」などと称しているものがあります。その方々にとっては芸術的価値、建築的価値のある「作品」であっても、住む人にとってはかけがえのない生活環境なのです。

その「住まい」は、自分達、家族の思いを反映して建てられた「住まい」なのか？　あるいは、ただ高名な設計家の趣味嗜好によって建てられた「作品」なのか？　さらには、住宅メーカーの「商品」なのか？

「住まい」が住む人の思いが込められたもの、十数回や二十回もプランを練り直し、住まいづくりに参加し、一つ一つの素材や住宅設備の選択に係わっているのならば、愛着が生まれ、いつまでも愛情を持って楽しく生活できることでしょう。

飽きのこない「住まい」になるのです。

どんな高名な設計の先生の「作品」でも、住む人の諸々の欲求、要望を満たしていなければ、はじめは「〇〇先生」の設計でウレシイとかカッコイイとか自尊心をくすぐられていても、時間がたてばたつほど不満が出てくると思います。


「住まい」は新築の時の価値が最高点で、時間と共に価値が下がっていく、という考えが一般的です。

たしかに、外壁の塗装の塗料や屋根などは時間と共に劣化し、補修が必要でしょう。その意味では、時間と共に価値は下がっているかもしれません。

「住まい」を単なる「作品」とか「製品」としての単なる「もの」として捉えるならば、時間と共に劣化し、無価値化していくことは仕方ありません。

しかし、「住まい」が住む人と共に人生という時間を歩むパートナーとして建てられたのならば、古くなればなるほど価値、風格を増すことでしょう。

人間の「老い」は、単なる劣化なのでしょうか？

かつては「長老」という言葉がありました。人生の様々な知恵、見識、判断力を備えた老人のことです。老いるということは、白髪になり、ハゲになり、シミが出て呆けるといった否定的な現象ではなく、円熟するという意味もあったのです。

「住まい」も、「味わい」を増す、「風格」を増すことがあるのです。

「住まい」に求める真の要望を引き出す

「間取り」のプランナーは、著名なる設計者である必要はありません。逆に「自分は自分は……」という我（エゴ）を無くして設計することが大切です。

何故でしょう？

「住まい」をつくるには、「住む人」の要望がなくてはなりません。しかし、住む人は「住まい」を建てるにあたって、いろいろな勉強をされます。住宅雑誌を見て、あのデザインがいい。この素材を使って欲しい。あるいは休日ごとに、住宅展示場を歩いて、各ハウスメーカーの仕様を見て回ったりしています。さらに、様々な専門書を読んで工法の良否も学んでいます。

それらの行為は悪いことではありません。しかし、知識や情報ばかり詰めこんでいても、ほんとうに良い「住まい」はできません。

できないばかりか、住む人の本質的要求、つまり「幸福になりたい」「幸福な家庭生活を営みたい」という事を逆に判らなくしてしまう場合もあるのです。

住む人が「間取り」プランナーに希望することは、詰め込んだ知識や情報の変化した形が多いのです。

一回や二回の「間取り」プランの打合わせでは、真の要求は出てきません。十数回から二十回の打合わせによって、ようやく「住まい」を求める真の要望が出てくるのです。

この十数回に及ぶ「間取り」プランの中で、夫婦、親子の要望のぶつかり合いがあります。このぶつかり合いがなければ、住宅が出来上がってから不満が爆発することになるのです。

「間取り」プランの中心は、あくまで「住む人」です。プランナーは、潜在的要求、真の要望を引き出す役割です。

だから、プランナーは建築のプロとしてのアドバイスはあっても、プランナーの押しつけがあってはならないのです。

補充注文カード

帳合・書店名

注文数　　部

書名　幸せを呼ぶ「住まい」づくり
——住むことを真剣に考えはじめたら必ず読んでおくべき本

著者　窪寺伸浩

発売　㈱アートデイズ

定価1,470円⑤
(本体1,400円)

TEL 03-3353-2298
FAX 03-3353-5887

9784861192012

ISBN978-4-86119-201-2
C0052 ¥1400E

定価1,470円
(5%税込)

売上カード

ISBN978-4-86119-201-2 C0052 ¥1400

書名　幸せを呼ぶ「住まい」づくり
——住むことを真剣に考えはじめたら必ず読んでおくべき本

著者　窪寺伸浩

定価
(本

住み手の真の要望を引き出す為、プランナーは我（エゴ）を無くし、夫婦、親子、家族同士の各々の欲求、要望を整理して「幸福な家庭をつくりたい」という、真の要望に導いていくのです。

「間取り」プランには時間をかける

「間取り」プランづくりには、十数回から二十回以上の打ち合わせが必要です。

そういうと、「そんな時間は無い」「面倒臭い。嫌だなあ」と仰る方がいます。

たしかに、プランつくりというのは、家族が多ければ多いほど「ああでもないこうでもない」と結論が出ないことが多いのも事実です。

図面上でのプランの変更は、消しゴムと鉛筆さえあれば可能です。しかし、いったん建ててしまった「住まい」の中で、部屋の「間取り」を変えることは大変お金もかかるし難事業です。

「住まい」を建ててしまってから、ああすれば良かった、この方が良かったと後悔することは愚かなことです。

建てた工事会社、施工会社ばかりを恨んでも仕方ありません。たとえそれが建て売り住宅であっても、規格プランが数種類しかなくとも、その施工会社と設計を選んだのは、まさに自分自身なのですから。

「間取り」プランの打ち合わせは、全て対面式でやるのではありません。遠隔地のお客様とは、ファックスやメールでプランを送らせていただく。建て主さんにチェックしていただき、それに基づいて、また新しいプランをつくり提案する。

約二十種類のプランは、似たようなものもあり、全然違うものもあります。

プランAとBの違いは「トイレの窓一つの位置をどうするかだけ」といったものもあります。とにかく、細かく可能性を追求するのです。

私の師・冨田辰雄は「安らぎのプラン集」として十二巻五千三百パターンを公にしました。

それとても全てを網羅しているのではありません。あなたの敷地の中で、幸福を生む「住まい」を追究するのが「間取り」プランナーの使命です。

冨田辰雄は、その「間取り」プランを実践的に出来る人々を養成する為、昭和五十六年

（一九八一年）にホーミースタディーグループを設立しました。「間取り」のプランナーは一級建築士である必要はありません。「住まい」の目的を知り、人生の体験を豊富にした素直な人ならば、誰でもなれるのです。

「間取り」の具体的な相談については、マルトミホーム㈱をはじめ、ホーミースタディーグループ、NPO法人「幸福な家庭生活を考える会」にぜひご相談下さい。

「間取り」が決める主婦の健康

「住まい」の中で、ストレスを最も多く受ける場所はどこでしょう?

事故死の多い「風呂場」「トイレ」「階段」?

答え、ストレスを最も多く受ける場所とは、最も多くの時間いる場所です。つまり、リビング（居間）、キッチン（台所）、寝室……、生活の中心となる場なのです。

ストレスは短期間によるものだけではありません。逆に長期間、なんとなく判らないまま過ごしていることによって蓄積される方が、より怖ろしいストレスになります。ストレスは明確な原因が無いのに与えられる方がたちが悪いのです。

そして、「住まい」に最も長くいるのは、一般的に主婦です。主婦が「住まい」の影響を最も受けやすいのです。

それでは、主婦が多くの時間を過ごすのではどこでしょう？　リビング（居間）、ダイニング（食堂）、キッチン（台所）です。

「住まい」を新築して入居してから、主婦が元気がなくなっていく。主婦の元気を奪っていくリビング（居間）、ダイニング（食堂）、キッチン（台所）とはどんなものでしょう。

底冷えするような、冷たい「間取り」。

朝一番早く起きて、家事仕事をはじめる主婦にとって、朝日も入らない北向きのダイニング、キッチンだったら……。

あるいは、窓もなく換気が悪い為に、いつもジメジメとしていて蒸し暑いキッチン。

主婦の健康は、一番、「住まい」の「間取り」に左右されるのです。

そのようなストレスを受けるところ、生活の中心的環境を生き生きとした場にするためには、「間取り」プランから始めないといけないのです。

子供部屋をどう考えるのか？

狭いながらも「たのしい我が家」という言葉がありますが、新築された「住まい」に引っ越した途端、家族の人間関係が悪くなる例もあります。

暗いリビング。家族の集まる場所がなくなって、家族がバラバラになって各々の個室に引きこもってしまう状態。家庭内夫婦別居。家が広くなって、各々の個室があるからこそ夫婦が、親子がバラバラになったともいえるわけです。

家庭内暴力、引きこもり、帰宅拒否症、あるいは家出を繰り返すことなどは、「住まい」によって家族の人間関係が崩壊していく現象とも言えるでしょう。

松田妙子さんの著書に『家をつくって子を失う』（住宅産業研修財団刊行）があります。

松田さんは、ハウスメーカーとして住宅供給の仕事をする一方、（財）住宅産業研修財団、（財）生涯学習開発財団などを設立し、社会奉仕活動を為されています。また近年、住まいづくりの立役者である大工を育成する「大工養成塾」を創立しました。

さて、この松田さん。ある時、道ばたで、「社会の窓」が開いていた子供にジッパーが開いていることを注意すると、「この助平ババア」という悪態をつかれるのです。

「私は、この路上の小事件から大ショックを受けた。その少年が二十年後にいったい、どんな人間になるのだろうか、とそら恐ろしい気がした。おそらく裕福な家庭に育ったらしいその少年が住んでいる家や家庭環境、親の躾から家族の住まい方まで、思いをはせてみないではいられなかった。

私はショックからさめやらないまま、考えこんでしまった。あの少年は、家でいつも自分の部屋に引っ込んでいるのかもしれない。つまり、家族のふれあいが乏しく、年長者に対してとるべきでない態度や、口にすべきでない言葉のけじめを、両親から躾られたり、自然に学びとったりすることもない日常で育っているのではなかろうか」

そのような思いで、本を出されたのです。三人の子供を育てられた経験を持つ松田さんの「子供部屋」論は傾聴《けいちょう》に値するものが多いです。

「建築家へ、私は物申したい。子供の人格形成がそこなわれ、家庭崩壊の危機に瀕《ひん》する住み手の家族の『痛み』を建築家にもわかってほしい。わかったうえで、子供部屋の配置や個室のあり方を真剣に検討してもらいたい」

「子供部屋が、個室から密室化へ進んできている現状は、実態調査にも見るとおり親子の会話を減らした。それればかりでなく、かつての日本の住まいでは日常茶飯事の中で行われていた『躾』や『遠慮』という家庭教育を失わせ、日本人が古くから受け継いできた暮しの文化と知恵を教える場もうばったことを、私は再度指摘しておきたい」

「日本の戦後の子供部屋が、勉強部屋からはじまったことが禍根をのこし、受験競争に煽《あお》られて親を判断停止のありさまにしていると私は思う。（中略）個室はたしかに勉強に集中できるかもしれないが、安楽で自分の勝手放題にできる居心地のよさのほうがより大きい。（中略）子供が一人きりの個室にこもりたくなる気持ちは、私にもわかる。子供は、そこで勝手気ままのきく安楽な居心地を知り、それに馴れると、家族と顔をつきあわせるのもわずらわしくなる。勉強という大義名分のもとに、自室にひきこもる。そして〝易き〟につく人間の性で楽な方へとめどなく流れていくだろう。

ドアつきの個室では、子供の一人天下の密室がさらに強まる。親を闖入者《ちんにゅうしゃ》と感じて、暴力をふるってでも撃退するところまでいきかねない。そうなってから親が慌てても遅い。まだ未熟な心身に植えつけられた生活環境は、ちょっとやそっとでは抜けない。個室を与え、おまけにテレビだ、電話機だと次々に電化製品まで買い与えて、子供がひきこもる習慣のお膳立てをした親のほうが責めを負わなくてはならない。安楽な自分本意の居心地に馴れて味をしめた子供を、ひきずり出して、さぁ家族で団欒《だんらん》しましょうと言ってもうまくいくはずがない」

松田さんの言説は厳しい。しかし、これが現実であり、マスコミなどで取り上げられるのは突出した現象なのです。

「住まい」の影響を多く受けるのは、女性（主婦）と子供です。

子供が幼ければ幼いほど、「住まい」の中での影響は受けやすいのです。

私達は、これから「住まい」を求める方々に「住まい」の勉強会（ホーミー教室）を行っています。そこでは、クイズ形式の講義をしているのですが、最後にこんな設問をしています。

子供部屋は、どういう環境がよいのでしょうか？

㋑　南窓で日当りの良い明るい部屋

㋺　北窓で落ち着いた部屋

㋩　西窓で赤外線がよく入り暖かい部屋

さて、皆様はどのような解答をお持ちでしょうか？

答えは、㋺です。その理由は、「住まい」の勉強会（ホーミー教室）で……。

自然の恩恵を受ける

自然の恩恵を受けることは「住まい」の基本です。ところが、それを拒絶するような「住まい」が実に多いのです。

例えば、プライベートを守りたいがために、極端に窓の設置を嫌い、小さな灯りとりくらいにしか窓の役割を考えていない住宅。日本のような高温多湿の気候の地域では、窓は外気を取り入れ、汚れた内気を吐き出す重要な役割を荷っているのです。

太陽光や風の流れをまったく考慮していない「住まい」も多い。「高気密高断熱住宅」には、自然の風など入る余地もないでしょう。

また、コンクリートに囲まれた要塞のような「住まい」。周囲にもまったく木も緑も無い。

自然の恩恵を拒む「住まい」では、人間はどんどん元気でなくなってしまいます。人間も自然の一部なのですから、生命力が弱っていきます。

しかし、例えばコンクリートに囲まれた「住まい」であっても、内装に木材などの自然素材を使うことによって改善されます。室内で草木を育ててもいいでしょう。

人間の生命力を活性化させる「住まい」の一番のポイントは、光、風、緑……、まず自然の恩恵を取り入れることなのです。

そのために重要なことは、自然の気候風土に逆らわないことです。

四季を感じられる「住まい」こそが、理想なのです。

太陽光線を最大限に生かす

自然の恩恵の最大の要素が、太陽の光と言ってもいいでしょう。この太陽光線を最大限に生かした「間取り」をしなければいけません。

日当たりをどのように考えるのか？　どの部屋にもっとも日照を求めるのか？　それは午前の光ですか、午後の光ですか？　とくに必要な季節はいつですか？　日照のメリット、デメリットを考えましたか？

本書の読者様へ プレゼント

この度は本書をご購入いただきまして誠にありがとうございます。

著者より、読者様へのお礼といたしまして、本書の中で、度々出てきます「住まいの勉強会」（ホーミー教室）の無料受講券をお送り致します。

裏面にお送り先をご記入いただく他、以下のアンケートにご回答いただけましたら幸いです。

開催日は、随時ご連絡するようになりますので、必ずメールアドレスをお書き下さいますようお願いします。

尚、教室へのお誘いは、営業を目的にするものではありません。

1. 本書の中で、どの部分に関心を持ちましたか。

第1章　　第2章　　第3章　　第4章

（　　　　　　　　　　　　　　　　　　　　）

2. 住まいを選ぶとしたらどんな形態をお選びですか。

①マンション　　②注文住宅

③建て売り住宅　　④その他

3. 業者を選ぶとしたら

①有名ハウスメーカー　②建て売り業者（地域ビルダー）

③工務店　　④大工　　⑤その他

※ご提供頂きました個人情報は、適切に管理し、お客様のご承諾を得た範囲以外の第三者への提供・開示などは一切行いません。

必要事項をご記入のうえ、FAX・Eメールでお申し込みください。

お名前	フリガナ
ご住所	〒　　　　―
電話番号	
FAX	
Email アドレス	

マルトミホーム株式会社

住　所：東京都大田区北千東2-3-2
TEL：03-3788-1951
FAX：03-3788-1991
Email：sumai@marutomihome.jp

これらの質問はごくごく当たり前のことなのです。こうしたことを考えていない、住宅供給者（ハウスメーカー、ビルダー、工務店）がいたら、むしろ問題だと思います。

これらは当たり前のこととして、本来なら太陽光線の特質までよく考えて利用すべきなのです。

太陽光線には紫外線、赤外線、可視光線という性質の異なる光線があります。それぞれにメリットとデメリットがあって、バランスを保ちながら生物に必要な役割を果たしているのです。

太陽光線の紫外線を効果的に利用しているのか？　赤外線の功罪は知っているのか？　可視光線のメリット、デメリットを知って利用しているのか？

かつて大工さんが活躍していた時代は、自然の恩恵を貪欲に「住まい」に取り入れて、部屋の利用目的に応じて太陽光線の特質を効果的に使い分けていました。

しかし、今では太陽光線にこだわるような人は少なく、その恩恵を放棄しているのです。むしろ意図的に太陽光線を遮蔽したりする機械的な環境づくりの方が一般化してしまいました。

私たちは、自然の恵みを生かした先人たちの智恵を現代の「住まい」にも生かすべきだと考えています。

台所が家族の健康を左右する

台所は、家族の健康を左右するところです。家族みんなの食べ物が調理されるのですから、よく考えれば当然のことなのです。

台所は衛生的なことが第一です。O-157という大腸菌が社会問題になったこともありました。あのような大腸菌の被害が拡大した要因に「住まい」も関係していると思います。

台所と食堂には窓を作って紫外線を取り入れることを心がけます。紫外線は強力な殺菌力を持ち、空気中のカビやバイ菌を消滅させます。

一方、赤外線はカビやバイ菌を培養してしまいます。

ですから、台所と食堂には紫外線を取り入れるような「間取り」にすることが理想なのです。

また、かつて冷蔵庫が普及していなかった時代は、食料を腐らせないようするため、台所を北側に作って暗く涼しい部屋にしていました。

しかし、現代は冷蔵庫が普及していますから、台所は東向きの、朝の光が射し込む場所に作ると良いでしょう。朝の光の中で、主婦には明るい気持ちで朝食の準備をしてもらう。

そして、家族皆で朝日の中、食事をとれたなら、きっと明るい一日が始まるはずです。

長生きするために

日本は世界一の長寿国とされています。

しかし、米寿（八十八歳）以上の人は、三十数年前までは通気性の良い「住まい」で、新鮮な空気を吸って生活してきた人たちです。ですから、血液の循環も良く、心臓も丈夫なのです。

第一章の中の「北海道の大異変」でも説明しましたが、こらからの日本人が長寿を保てるかどうかははなはだ疑問です。「高気密高断熱住宅」が万病を呼ぶからです。

化学物質資材が発する気化ガスが充満したり、断熱材に使用されているガラス繊維が浮遊しても、高気密によりかえってその弊害を受けてしまいます。

とくに寝室が、通気性の悪い、密閉された部屋ではいけません。睡眠中に吐き出される二酸化炭素によって酸素が稀薄になり、酸欠状態になりかねません。寝ながらも新鮮な空気が吸えるような、通気の良い空間にしなければなりません。

寝室の条件は、寿命に大きく影響します。寝室には一日の疲れをとり、明日への活力を回復させるという重要な役割があるのです。

早朝にはすがすがしく一日を始められるよう、朝日が射し込む部屋、東南に面する寝室が理想です。

また、「バリアフリー」などといって、段差をまったく無くしてしまうのもどうか、と思います。人間の身体の機能は使わなければ退化していきますから、「住まい」の中にも神経や体力を使う場所があえて必要なのではないでしょうか。

日常生活の中で基本的な注意力や体力を維持できるような「住まい」と、それらを低下させる「住まい」。あなたはどちらをお選びになりますか?

第4章　「住まい」の作者は誰？

自分の家は自分で建てる

「私は住宅のことは全くの素人ですから、プロであるあなたに、すっかりおまかせします」と仰られるお客様がいます。

業者を信頼していただく事は、誠にありがたいことであります。

しかし、「おまかせします」と言っても、何かトラブルが発生すれば、「信頼していたのに、こんな結果になって、どうしてくれるんだ」と言われてしまいます。

この場合の「信頼」は、実は期待であって、ほんとうの信頼ではありません。根底には業者依存、他者依存の考えがあります。

自分の家は自分で建てる、これが大原則ではないでしょうか。

自分で建てるとは、休みの日を利用して、自分が大工仕事をしながら住まいづくりをするという意味ではありません。自分の意志で「住まい」を建てる、という意味です。
○○ハウスの家、△△ホームの家という企業ブランドを冠した「住まい」ではなく、建て主さんが小林さんだったら「小林さんが建てた小林さんの家」であるべきなのです。住む人の意志で建てられた「住まい」が、ほんとうの「住まい」です。「住まい」のメーカーさんは建て主さんではなく、本来、そのお手伝いをするだけだったのです。

昔でしたら、家を建てたいという人は、大工の棟梁を呼びます。昔は、棟梁はあれこれ要望を承って、サッサッサッと手板《ていた》に間取りの平面図を書きます。この手板一枚で充分だったのです。

お客様に「ここはこうして欲しい、ああして欲しい」と言われて、棟梁はサッサッサッと手板を書き直す。

棟梁も言われっぱなしではありません。たとえば、ご隠居さんの部屋は日当たりが良過ぎて、こちらの方に移動しましょうなどと、プロとしての意見をいれてきます。

こんな風景は、戦前の日本では当たり前でした。住宅が産業化されずに、町場や地場の大工、工務店が元気だった頃は当り前だったのです。住まい作りの素養のある方々は、今でも、その事を継承されています。

あくまでも「住まい」は、住む人の明確な意志、意図のもとにつくられています。大工の棟梁は、その地域に住み、その地域の環境を、また住む人（お施主さん）の人柄、家族構成、家族一人一人の事を熟知している「町場」の棟梁なのです。

町場の棟梁、そして職人達にとって、住む人は、お施主であり、お客様でありますが、また家族のような存在でもあります。家族の家をつくるのに、手を抜くでしょうか。欠かん住宅を建てるでしょうか。材木をケチるでしょうか。否、しません。そんなことをしたら、その棟梁や職人達は、町場という共同体では生きていかれないのです。

ところで、この「町場」の「町」とは何でしょう?

「町」は「祭り」の単位、つまり共通の産土神を祀る人だったのです。上棟祭の時に、餅や菓子やお金を投げたのは、隣近所の人々が共同体の仲間だからです。

現在でも地方には、そのような人間関係が残っているところもあるでしょう。まだ、住む人（お施主さん）の意志が尊重された「住まいづくり」もあるでしょう。

職人の心を大切に

私は子供の頃、アメリカのテレビ番組「世にも不思議な物語」の吹き替え版を見ていました。毎回、番組を進行する男がちょっと恐い話をしました。その中の一つで鮮烈に記憶に残っている話があります。

ある人が窓辺に二つの花の植木鉢を置いて、毎回同じように水や肥料をあげていました。同じように太陽の光が入って、花自体も同じ種類のものです。

一つの花はスクスク成長し、もう一つの花は途中まで成長しますが、やがて枯れてしまいます。

何故、そのような違いが出たのでしょうか?

それは、水をやる時、一つの花には「ああ、可愛いね。素晴らしいキレイな花を咲かせておくれ」という暖かい言葉も一緒にかけていたのです。

もう一つの花には「この野郎。なんて汚いんだ。お前なんか、サッサと枯れてしまえばいいんだ」という冷たい、汚い言葉と共に水をやっていたというのです。

言葉の力。

良い事を言うと良い結果が出て、悪い事を言うと悪い結果が出る。こんな不思議な話を子供心に理解したのです。

「住まい」も人間の手、たくさんの職人達の手によってつくられます。

今はプレカットといって、構造材のほとんどは工場でつくられるじゃないか、という意見もあるでしょう。

しかし、今も建築の現場では大工、とび職、水道屋、電気屋、塗装、左官などの職人達の力が結集されます。職人達によって「住まい」が完成される、と言っても過言ではありません。

その職人達が、どんな思いで仕事をしているかということが、実は重要なのです。

もし、低価格を売り物にしている住宅会社で「住まい」を建てたとしたら、その職人達の心の中のつぶやき、声無き声がこのようなものだったらどうでしょう。

「ちぇっ、こんな安い値段で仕事させられてよー。全くアホ臭い。安かろう、悪かろうっていう言葉知らねえのかねえ。ああ、やだ、やだ」

さらに「全く、こんな変な設計図面でよ。職人泣かせだよ。どうおさまりをすればいいんだ」などという愚痴や恨み言、泣き声、怒りが職人達の心の中に、うずまいていたとしたら……。

言葉は、心から生まれてきます。その心は集団的無意識として、「住まい」にも影響を与えるのです。

どんな有名な住宅メーカーであろうと、建築会社であろうと、つくるのは職人達です。職人達の心が、どこに向いているのかということが極めて重要なのです。

かつて職人は、自分の持てる技量を理解者（住まいを建てようとする人）の為に惜しみなく使うことをその美学としていました。

しかし、「住まいづくり」が「住宅産業」に変貌した現代、職人達は建築事業に係わる日雇労働者になってしまいました。自分達の技量を時間で切り売りする「パートタイマー」になってしまったのです。

そこには、職人本来の心意気も、技能も発揮する場はありません。

職人と「住まい」をつくる

私が、「住まい」を建てようとする方を「お施主様」「檀那さん」と呼ぶにいたった経験をお話します。

「檀那さん」という言葉も今や「死語」になりかけてますが、「檀那」とは本来、梵語（古代インドの言葉）の「布施」を意味する「ダーナ」の訳語とされています。社寺などの有力庇護者をそう呼んでいたのです。転じて、大店の主人、一家の主などの敬称として「ダンナ」と呼ぶようになりました。

三十年以上前、都内の閑静な一等地に、私共が六十坪にも及ぶ二世代住宅を建てさせていただいたＩさんという会社経営者のお客様がいます。様々なリフォームのお仕事もさせていただいていたのですが、今度は建坪二十坪くらいの離れ（今風にいえば「大人の隠れ家」）を建てることになりました。

外部の設計家が意匠設計をしたのですが、施工は出入り業者として私共を特命していただいたのです。その理由は「職人が良いから」ということでした。

通常は、施工会社の良し悪しを問うこともありますが、職人の良否までは問われません。というより、そこまで気にかけてもらえないものです。

昨今、きざみは大工がしないで、プレカット工場で施されてしまうのですが、Ｉさんは工場加工を嫌い、あくまでも大工による加工を求めました。もちろん、コスト的には高くつくのですが、工場で加工させるよりも、大工の収入にもなります。

また、Iさんはことあるごとに現場へ赴き、職人達に「ご苦労さん」「ありがとうね」「ここはどうなってるんだい」と声をかけていたのです。

この声かけが、効くのです。

声（言葉）は心です。Iさんの声かけ、気配りは、職人達の心に響くのです。

職人達に賃金を払うのは、各職方の親方や社長です。しかし、彼ら末端で働く職人達でさえ、ほんとうにお金を払っていただくのはIさんであることを知っています。

着工から完成まで、約四か月の期間の中で多くの職種の職人達の仕事がありますが、その賃金、代金を支払うのは「住まい」の購入金額です。

しかし、購入金額と言うと味気なく思われます。やはり、職人や、木材などの素材を生かす「浄財」として位置づけたいと思うのです。

私が「住まい」を建てようとする方々を「お施主様」というのは、このような感謝の心を込めての表現なのです。

心かよわせる「住まいづくり」

かつて「住まい」をつくる職人達に、お施主さんがお茶を出したり、おやつを出したりする習慣がありました。

今はされる方もいらっしゃるし、されない方もいらっしゃいます。どちらが良い悪いではなく、そういう習慣がありました。

別にお茶を出したから、より良い「住まい」をつくってもらえるというお話ではありません。

わざわざお施主さんが、お茶を出してくれたという気配り、気遣いこそが、お互い様で「ありがとうございます」という意味なのです。

そういった「煩わしさ」がイヤだ、という方もいます。お金を払っているのに、何で茶菓子を出さなければならないのだ、という方もいます。

「情けは他人の為ならず」なのです。

こういう時代だからこそ、「住まい」を通して心と心の交流が必要だと思うのです。

住宅が完成したらもうお終いではなく、新築の際の職人達と今後十年、二十年とお付き合いしていくような関係こそ、お互いに理想なのではないでしょうか。何かあったとき気軽に声をかけられるような。

住宅メーカーの営業マンには誠意がある？

住宅供給者（ハウスメーカー、ビルダー、工務店）の心、考え方も重要です。

今では少ないと思いますが、昔は住宅メーカーの営業マンが「夜討ち」「朝駆け」でお客様を訪ね、その行為に「熱心だ」「誠意がある」と情にほだされて、そのメーカーに決めたという事が多かったようです。

しかし、その営業マンは何に熱心だったのでしょうか？

何に対して誠意があり、誠実だったのでしょう？

住宅メーカーの営業マンは営業成績を上げることに熱心であり、自分の職務、契約をさせることに誠意があり、誠実であったのです。

営業マンが住宅を建てるわけでも、プランを設計するわけでもありません。彼の仕事はあくまで、自分の所属する住宅メーカーを選ばせることなのです。

ですから、彼は出来上がった住宅には興味も関心もない、ということが往々にしてありました。

今は、どうなのでしょう？

あなたの元へ訪れる住宅メーカーの営業マンには、どんな誠意がありますか？

心と心を合わせた「住まい」

私の師匠である冨田辰雄は、「幸福にこだわる人の仕事をしろ」といつも口酸っぱく言っておりました。

住宅産業は「クレーム産業」です。クレームの連鎖さえあります。

「えっ、こんなことが問題なの？」と思うようなことすら、クレームになる場合がありま す。業者の事前説明が足りなかったこと等が問題になる場合もあります。

やはり、根本的な問題は、「住まい」を建てる方と業者の間に信頼関係、共通理解が無かったことにあるように思います。

心と心を合わせること、思いを同じくすることができなかったのです。幸福を生む「住まい」（幸福になる条件を備えた「住まい」）をつくるという、共通の目的を共有できなかったのです。

私共は、これから「住まい」を建てようとする方と「住まいの勉強会」（「ホーミー教室」とも言う）を行っています。そこで、ビデオを観たり、オーディオを聞いたり、そしてクイズをしたりしながら、お互いの「住宅観」「人生観」等を語り合います。

私共の「住まいづくり」の第一歩は、そこから始まります。

「住宅観」「人生観」を共有することが、心と心を合わせることなのです。家族全員の、関わる人々の、心と心を合わせた「住まい」をつくらなければならないのです。

私共は、「住まいづくり」を生業とする者です。

私共の仕事に従事する職人も含めて、これから私共に「住まいづくり」を委託された方々の幸福を願い、祝福と感謝の気持ちでいること。それこそが、真に良い「住まい」を生むのです。

思いが、言葉になり、言葉が行動になります。私共は、「幸福」つくりを思い、「幸福」つくりの言葉を使い、幸福を生む「住まいづくり」をしなければならないのです。

土地探しをはじめる前にプランを持つ

「住まい」を求める人が、土地を持っているか、これから土地を探して購入するかでは大分条件が違ってきます。都内などでは、住宅に関する予算の２／３以上が土地購入にあてられ、土地を買ってしまって、これしか予算がありません、というケースが多いのです。

自分の中の財布の中身、絶対予算は限られているのですから、「良い土地を安く」買いたいのは人情でしょう。しかし、「安くて良い土地」は、絶対にありません。あるのは、「安くて悪い土地」か「安くて、それなりの土地」か「高くて悪い土地」だけです。良い土地を求めるならば、高くても買うべきです。安くて、悪い土地を求めるならば、「高い」と思う差額は、たいしたことがありません。その土地を所有し、使う二十年、三十年の歳月を考えるならば決して高い金額ではありません。この際「安くて良いもの」や「良いものを安く」などという思いは捨て去り、高くても良い土地を求めるべきでしょう。

では「良い」とは何を以て、良いとするのでしょうか。それは、環境の面において良いということです。「住まい」を建てるにあたって、良いということです。

私達の標榜する「幸せを呼ぶ住まいづくり」の「住まい」とは、建物としての住まいではなく、家庭としての「住まい」です。家庭とは何か？　家と庭です。家とは建て物、庭とは敷地を含む自然環境です。いかに自然の恩恵を取り込めるかが重要な要素です。

不動産業者も、土地そのものでは利益を得ることができにくくなっています。どうしても「うわもの」つまり「建物」を建てて、そこで収益を上げるというビジネスモデルになっています。しかし土地を買って、住まいを求める立場からすると、収益の対象として「住まい」をつくられては、たまったものではありませんね。

しかし今日では、住まいを求める人々のニーズが多様化しているため、単純な発想の「建て売り」住宅は、売れにくくなっているのが現状です。そのため、不動産業者、建て売り業者も、土地を氣にいっていただいたお客様に、土地を売って、「建築条件付き」というしばりをつけて、建物を建てることで利益を得ようというビジネスモデルにかえようとしています。

しかし、「建築条件付き」であって、単なる建て売りではなく、あたかも建て主の要望が満たされるようなことをいっているとしても、所詮「建て売りは建て売り」なのであって、住む人の幸福など考えている訳がありません。

相続などの理由で建て売り用地として五区画とか六区画に別けられた土地をお客様が買われて、建築は私共で行ったケースがあります。私共のお客様以外は、全て建て売り分譲住宅です。不動産会社と施工会社は別で、引き渡しの段階で、建て売りを買った方とのトラブルは、よく耳にします。

土地の値段を差し引けば、狭小地の注文住宅と建て売り住宅の価格に、それ程の差もない事が多いのです。勿論、内部仕様をどのようにしていくかで違いはあるものの……。

狭小の土地だからこそ、自然の恩恵をどう取り入れるか、という工夫が必要になってくるものです。

せっかく、良い土地を見付けたと思ったら、「建築条件付き」がついていて、がっかりされる方がいます。お金を払えば、建築条件付きを取りさげてくれることがあります。目先のお金はたしかに痛いです。しかし、住む人の生活の要望を何も考えていない建て売り住宅で、不便、不都合、不快を我慢しながら生活して、「不幸」に成っていくならば、住む人の幸福を考えて建てる「住まい」の方が、どれ程得であるかです。

土地探し、土地選びも自分達だけでしないで、意中の建設会社、工務店がいるならば、一緒に探すことに協力依頼すると良いと思います。土地にも長所欠点があります。その長所欠点を、各々の土地でアドバイスを聞いていけば、住む人の土地を見る眼も養われていくことでしょう。その中で、どんなライフスタイルを求めていくか、という事も明確になっていきます。

土地探しをはじめる前に、プランを持つということは、土地の値段が気になって、安いと思って変な地形の土地を買ったり、悪い土地をつかんでしまわないために必要なことなのです。土地を探す、住まいを建てる、という差しせまった事態になってから、住まいの本質を勉強するよりも、将来を見すえて、住まいの何んたるかを学んでいくことは大切ですね。

第5章　日本の「住まい」が失ったもの

失われた「和」の精神

現代の日本の「住まい」の中で、失われたものは何でしょうか？

一口でいえば、それは「和室」です。床の間、床柱、柱、神棚、仏壇、縁側、畳、障子、ふすま……。

「和室」は、日本の伝統的な「住まい」のあり方を示すものです。日本人の「和」の精神を象徴するものです。

この「和」の精神が失われたのは敗戦後、日本人自らの意志もありますが、やはりアメリカの占領下で入ってきたアメリカ文化とアメリカ的価値観によって、「日本的なるもの」「和なるもの」が否定されていたことも事実です。

精神的な価値観のみならず、ものの価値観や生活様式も変わってしまったのです。土地の値段が一坪「ん十万円」「ん百万円」もするところでは、実用性の乏しい床の間や縁側などは否定されるべき対象でした。

そのようなことは、「無用の用」を尊んできた「和」の精神と対立するものです。「和」

の精神とは、経済効果一辺倒の考え方とは別のものなのです。

実は、この「和」の精神というものが、「住まい」の幸福の条件にたいへん影響を与えます。とくに、心の健康にひじょうに影響を与えるものなのです。

神棚や仏壇が必要な理由

人が幸福になる条件のひとつには、親から子へ、子から孫へという、「生命のバトンタッチ」があります。生命を受け継いでいくということです。

それは単純に、子供を産めば良いということではありません。

子供はいつか親になり、死んでは「ご先祖様」と呼ばれ敬われるようになります。永遠に子供という存在ではありません。

子が親になり、親が先祖になる。このサイクルを無言のうちに教えてくれるものが、神棚であり、仏壇なのです。

自分のおじいさん、おばあさんの名前を知っている人は多いでしょうが、ひいおじいさん、ひいおばあさんの名前はどうでしょう？　ましてや、その人となりや、どんな人生を送ったなどはさらに知らないでしょう。しかし、だからといって、三代前に先祖がいなかった訳ではありません。

仏壇には、中央に「本尊」といわれるお釈迦様、阿弥陀仏や大日如来、あるいは曼陀羅などが安置されています。しかし、多くの方々はそのご本尊を拝むのではなく、お祖父ちゃん、お祖母ちゃんの霊魂、あるいは亡くなられた方々に話しかけているのではないでしょうか。

「今日はね、こんなことがあってね……。だけど、助かりました。ありがとうございます。〇〇さんのお蔭です。ご先祖様のお蔭です」と。

神棚も同じです。私達の最も遠い祖先である方々を、神様と呼んで、認識しているのが神道とも言えるのです。

犬や猫などの動物だって、子を産み、子を愛しむことはできます。しかし、自分の生命の源である親やご先祖を敬い、祀ることができるのは、万物の霊長である人間だけです。

「生命のバトンタッチ」とは、自分の生命の源を知って、その中に自分がいて、また自分の子孫たちがいるということを知ることです。

永遠に近い生命の流れを知ることで、自分の立ち位置を知ること。自分が一人でない、自分がとうとうと流れる生命の流れの中にいる、ということを理解することこそが、心の健康の第一歩なのです。

神棚や仏壇はそれを知る重要な場であり、仕組みであるのです。

眼に見えないものに価値がある

神棚や仏壇のある家庭の子供達は、無い家庭に育った子供達よりも、非行化する確率が低いと言われています。何故でしょうか？

子供達は親の真似をして、神棚や仏壇を拝みます。神様、仏様、ご先祖様、「目に見えないもの」と交流するのです。

今の子供達には、すでに「親が一番偉い」などという考えはないかもしれません。しかし、身近で最も力のある、大人である親が頭を下げて熱心に拝む姿を見れば、神棚や仏壇に目には見えないが何かが存在すると考えるわけです。

「愛」は眼に見えるでしょうか？

「信」は眼に見えるでしょうか？

「生命」は眼に見えるでしょうか？

実は、眼に見えないものに価値がある場合の方が多いのです。

神棚や仏壇は、眼に見えない存在を見えるようにしている「仕掛け」です。道具です。眼に見えない、いと高き存在である神様、仏様、ご先祖様を、あたかもそこにいますが如くお祀りする場が、神棚であり、仏壇なのです。

そして、お祀りする行為、語りかける言葉によって、神様、仏様、ご先祖様が顕れてくるのです。


「宗教」と言うと、多くの人々は偏見を持っています。子供に「宗教」というものの教育ができて、その素養を身につけさせられるのは「家庭」しかありません。

「宗教」に免疫のない、高学歴で有能な人々が、カルト教団の犯罪の手先になったことは記憶に新しいところです。「宗教」の素養のある人だったらおかしいと考えられた、と思うのです。

公然と「無宗教」や「無神論者」だと言う日本人も多いようです。しかし、日本人の「無宗教」や「無神論者」には実は二種類あります。

真の「無宗教者」「無神論者」は、「神も仏も信じず、自分の力しか信じない。死んだら終わり。生きている中に、何でもやって上手く生きる。金こそ全て、金で買えないものは何もない」と豪語する。つまり、倫理観の基準が「金儲け」や「快楽」になっている人達です。

そこまでは言い切れない、表面的には「無神論者」や「無宗教者」のようですが、実は内面化した「宗教」または行動規範を持っている人も多いのです。初詣やお参りは欠かさない、眼に見えないものを信じているといった……。

三・一一東日本大震災の際、被災地の人々の言動や態度に、世界中の人々が驚き、賞賛の声を上げました。誰を恨むことなく、反発することなく、淡々と事態を受け入れて健気に整然と生きている人々。

これは世界にとっては不思議なことであっても、日本人にとっては当たり前のことです。それは、日本人が内面化した「宗教」を持っているからだと言えます。新渡戸稲造が言ったところの、日本人の内面化した行動規範としての「武士道」と通ずるものです。

日本人は「道」が大好きです。花道、茶道、武道。サラリーマン道、商人道、学生道などなど。

このような内面化した、素晴らしい規範をつくってきたのが、家庭の中の神棚や仏壇なのです。

「柱」が消えた

「柱」というものも、「住まい」の中から消えてしまいました。大壁工法、柱を表面に表わさない工法が現在主流になっています。

柱が出ている、ほんの何ミリかの出っぱり部分が邪魔で家具を置けないからでしょうか？

眼に見える柱には、「無節《むぶし》」などの無欠点材を使わなくてはならず、高いものにつくからでしょうか？

もちろん、壁の中に隠れていても、柱そのものは、在来軸組工法である限り使われてはいます。

しかし、昨今は２×４（ツー・バイ・フォー）住宅が、在来軸組工法より地震に強いという宣伝にのって普及して、柱そのものの無い「住まい」も出来ています。

「柱」は単に、木造住宅において、建造物を立て、壁面をささえる役割という意味に収まらず、まさに日本の文化を象徴する言葉の一つと言えます。「チームの大黒柱」とか「この事業は会社を支える三本の柱の一つである」などと表現されます。

また、誰もが聞いたことがある、「♪柱の傷は一昨年《おととし》の五月五日の背くらべ」などという童謡の中にも出てきます。

まさに、「柱」というものは、日本人の精神生活の中で重要な位置を示しているのです。神々のことを一人、二人ではなく、一柱、二柱と数えるのも、その表われのように思えます。

柱の無い「住まい」、それは背骨の無い人体のようなものではないでしょうか。

木造二階建ての三十坪の家では、通常約七十本の柱が必要です。しかし、その柱が眼に見えない構造になっている。「木造住宅」と名前がついていても、それではまるで「木骨住宅」です。構造だけに木材が使われているだけでは、木の家とはいいがたいですね。

眼に見えて、手で触れられるところに、木を使う。これが本当は大切なことではないでしょうか？

木は落書き、いたずらをゆるしてくれるやさしさがあります。そういった思い出に囲まれて生活することも、心の健康には必要なことなのです。

地鎮祭、上棟式は必要か？

地鎮祭の意義について、東京都中央区の鉄砲洲稲荷神社の中川正光宮司が、「地鎮祭の執行、地鎮祭は何故やるのか」と題した文章を残されています。（『生成通信』第一集より）たいへん良い内容なので少し長くなりますが引用させていただきます。

「土地を所有し、家を建築したとき、登記をすませば、所有権となって、絶対確実まちがいなく、自分のものになったと、一般に思われている。

ところが、これがとんと当てにならない。第一に、寿命が終れば、早速に名義が変更になってしまう。寿命があっても、貧乏して抵当流れになればさっさと権利は、他に移ってしまう。また売れば、そのまま自分のものではないし、欺れて、知らないうちに名義変更になることもある。

故に権利は読んで字の如く、『権《かり》の利』なのである。権《かり》に所有させて戴いているだけなのである。

では、本当の持主様とは何か。それは天地の大生命であり、延いては、その土地の御守護の産土《うぶすな》神であり、更に身近く、大地主《おおとこぬし》の神であり、埴安比売《はにやすのひめ》の神である。

この本当の持主様に対して、権《かり》の持主が御挨拶を申し上げるのが、地鎮祭というものである。また、此の土地に関する先輩諸君である万霊万魂に対しても、同時に御挨拶があるのが礼儀である。

宗教も思想も政党所属も自由であるが、人間としての此の地鎮祭の礼儀を忘れてはならない。

しかし、此の地鎮祭をしなくても家は建つ。故にしなくてもよいように、今の人達は思いがちであるが、そのようにして建てた家には不幸が多い。当然である。権《かり》の持主に対して、本当の持主様や土地の先輩諸君が、ヘソをお曲げになるのは当然である」

そして、地鎮祭を行わずに起きた火災事故の事例をひきつつ、このように結んでいます。

「新しがり屋の無知蒙昧。世上一段に行われている上棟祭、竣工祭、起工祭、火入れ祭、田植祭、豊年祈願祭、結婚式の祭典や、自動車のお祓い等は、何れも天地生成の親様に、或いは特別の守護の人霊に、礼儀の誠を尽し、世の中のため人のために無事平安を念願しているのに、知ったかぶりした新しがり屋が『迷信だ、神がかりだ』と、これらの祭典を軽蔑したり、罵倒したりするが、愚かなことではないか」

無神論の立場だから地鎮祭をやらないというのも、一理あるのかもしれません。しかし、巡り会った土地への感謝の気持ちを表現する、古来日本人からの習慣として考えるならば、宗教云々の問題ではないかも知れません。

上棟式とは何か？

東京都神社庁のホームページで、上棟祭に関する説明を見てみましょう。

「上棟祭～工事の安全と建物の堅固長久を建築に関わる神さまに祈念する～」

建築工事が進み、ようやく柱が立った頃、棟木を上げる前に「上棟祭」が行われます。

上棟祭は、「棟上げ式」ともいい、工事の安全と建物の堅固長久を祈念します。上棟式は元来、棟梁の主催する祭儀で、大安などの吉日に行われます。

地鎮祭は土地の神さまに対して行われる祭儀ですが、上棟祭は建築に関わる神さまである屋船久久遅命《やふねくくのちのみこと》、屋船豊宇気姫命《やふねとようけひめのみこと》、手置帆負命《たおきほおいのみこと》、彦狭知命《ひこさしりのみこと》、産土神《うぶすながみ》をおまつりします。

これらの神名を記した棟札を中央の柱に貼り、一番高い棟木には魔除けのための上棟幣という大きな御幣を立て、作り物の弓矢、日の丸の扇などを飾ります。（中略）次の「曳《ひき》綱《つな》」で棟木を棟に上げ、「槌打《つちうち》」の儀で、「千歳棟《せんざいとう》、万歳棟《まんざいとう》、永永棟《えいえいとう》」という威勢のよい掛け声とともに棟木を棟に打ち固めます。

この後に、「散餅銭《さんぺいせん》」といって、餅や金銭をまくこともあります。（中略）祭儀の後に「直会」が開かれ、建主は工事関係者にご祝儀を渡し、労をねぎらいます。

かつては上棟祭も神事として欠かせないものだったのですが、今日では廃れてしまっています。

何故でしょう?

上棟祭は神職の代わりに棟梁が、この祭りなり、式なりを執り行うのですが、このような力の有る棟梁がいないということです。大工仕事はできるが、神事を司るほどの器量のある「棟梁」はいないということです。

だから、上棟祭も上棟式というセレモニー化してきているのでしょう。

上棟式のもう一つの意義

私は上棟式でたいへんバツの悪い経験があります。

私が工務店の社長になりかけの頃、あるお施主様から木造二階建ての貸家を建て直す仕事をいただきました。貸家だからなるべく安く建てて欲しいという意向でしたが、その方も古風な方で貸家にも上棟式をやるというのです。

恥ずかしい話ですが、当時の私は、上棟式を建て主（お施主様）から「職人にご祝儀やご馳走していただく会」という程度の理解でした。ですから、貸家なのに、建て主さんに経済的負担をさせて申し訳ないなぁ、と思っていました。

しかし、それは祭式の後の直会のことであって、かんじんの上棟祭の本義を知らなかったのです。

貸家であろうが、アパートであろうが、マンションであろうが、上棟祭は工事の安全と建物の堅固な長久を祈ることですから必要なのです。

おまけに、そのとき私は、お施主様の「安く建てて欲しい」という依頼通り、安い建築費で仕上げるため使用する材木も安くしました。薬剤で赤い色をした防腐土台、ホワイトウッドの集成柱（北欧から輸入される木材を集成してつくったもの）……、全て外材仕様でした。

上棟祭のとき、お施主様は「これは杉ですか？　桧ですか？　何で集成材なんですか？この赤い木はなんという木ですか？」と矢継早に質問してくるのでした。

べつに、防腐土台や外材の集成菅柱が悪いのではありません。

ただ、日本のような森林国で、何故桧も杉もあるのに、北欧から材木を持ってきて使わねばならないのか。船賃をかけて遠い外国から運ばれる木が、裏山に生える杉や桧よりも何故安いのか。材木業に従事している者でさえ、よく判らない現実があるわけです。

上棟式は、工事安全と建物の堅固長久を祈る神事としての本義がある一方、今日的意義は建て主さんにどんな材料で、どんな建て方をしているか、という「構造見学」「構造検査」の意味合いがあるのです。

住宅供給者が上棟式をやりたがらない理由とは

何故、上棟式が行われなくなったのか？

行わない住宅供給者はこんな風に言うかもしれません。「職人たちへのご祝儀やご馳走は、お客様の経済的負担になりますので……」と。

しかし、実は、上棟式を執り行うような棟梁がいないということ。さらに、建て主さんに見ていただくような「構造」を持つ家ではないということです。

今日の多くの住宅では、北欧から来るホワイトウッドという安価な材木が使われています。まだこの木材が本格的に輸入されて十年も経っていません。ある研究者が、ホワイトウッドは日本の杉よりシロアリがつきやすいという見解を発表しましたが、住宅業界からは黙殺されました。

日本の気候風土にあっているか否かの実績が怪しまれる木材を平気で使っているのです。気候風土を考慮していない輸入住宅など、ナンセンスなことなのです。

桧づくり、杉づくりといって、国産材を売りものにしている住宅会社でも、「ほんとうにオール桧ですか?」「オール杉ですか?」と質問してみてください。

営業ではいろいろなことが言えます。クロスを貼って完成させてしまえば、構造材にどんな材木が使われているのかまったく判らなくなります。

建て主が上棟祭に来ると、材木の原産地を含め、いろいろな質問が出てきます。それに答えられる人がどれほどいるでしょうか。

多くの住宅供給者が、上棟式をやらないというのは、上棟祭の本義を知らないこともさることながら、建てているものに対しての自信の無さのあらわれだと思うのです。

子孫代々受け継がれる「住まい」を

相田みつをさんの詩に「自分の番　いのちのバトン」というものがあります。

「　父と母で二人
　父と母の両親で四人
　そのまた両親で八人
　こうしてかぞえてゆくと

十代前で千二十四人
二十代前では――――？
なんと百万人を超すんです。
過去無量の
いのちのバトンを受けついで
いま　ここに
自分の番を生きている
それが
あなたのいのちです
それがわたしのいのちです
みつを　」

「過去無量」とは、先祖を数えきれないということです。遠い祖先の大本を、進化論のように猿に求めるか、神話のように「カミ」に求めるかは、その人その人の考え方でしょう。

しかし、生命の連綿の中に自分がいると考えれば、自分の生命も尊いもの、ありがたい存在と考えられることでしょう。そして、このかけがえのない生命を次世代につなげていきたい、と考えることでしょう。

生命のバトンタッチを先祖からされて、そして、子供達へ伝えていく自分。

生命のバトンタッチの対象者として見ると、子供や孫も今までとは全然違う存在として見えてきます。自分の子供や孫といった所有物的な見方や、幼い者としてではなく、自分と対等な生命として見えるようになります。

今日、不妊と言う問題は、環境ホルモンや生活環境の変化によって、幅広い社会問題になっています。子供のいないご夫婦、家庭も決して珍しくなくなっています。たしかに、「個体」としての生命のバトンタッチは、そのような場合できないかも知れません。

しかし、人間は肉体的な個体としての存在だけではありません。社会的な存在、心の存在でもある訳です。社会的な意味、心の世界での生命のバトンタッチは、充分行えることでしょう。

世代を超えて、生命を、価値あるものを伝えていく。

生命のバトンタッチは、人間の幸福の大切な条件です。

ですからこそ、「住まい」も、かつての日本では当たり前だったのですが、子孫代々受け継がれていくものとして捉えたいのです。

第6章　木と「住まい」

木は人間の友達

「休」という文字は、「人」と「木」から成ります。人と木が共に居る状態、それが「休む」ということなのです。

英語の「Ｆｏｒｅｓｔ」（森）という単語も、「Ｆｏｒ」（～のため）と「ｒｅｓｔ」（休息）に分解できます。つまり、森は「休息のため」と解釈できます。

洋の東西を問わずに、木は人間にとって、なくてはならない存在なのです。

よく東南アジアやアマゾン流域の熱帯雨林は、地球の肺と言われます。地球の酸素の供給源と言われます。

人間は酸素を吸って、二酸化炭素を吐きます。一方、木は光合成で二酸化炭素を吸って、酸素を吐きます。まさに、人間と木は補完関係にあるのです。

木は天を目指して、生長し、仲間を増やし、林となり、森となります。

木のある所、水があり、やがて水源になり、やがて川になり、海になり、雲を呼び、雨を降らします。

木影をつくり、人や動物達に安らぎを与えます。

木の実は鳥のえさとなり、また、その種は新しい木を生むために遠くに飛びます。

木は二酸化炭素を吸って、酸素を吐き、地球上の生物を生かす手助けをしています。

また、切り倒されては、木材となって、柱となり、土台となり、板となり、家具となり、家の主要な部分の役割を担います。

そして、腐ったり、燃やされたりしない限り、二酸化炭素固定という大任を果たします。

割り箸も、楊枝も、木の端まで世のため、人のために生命を捧げています。

樹齢数百年、或いは数千年、黙々と生き、その役をこなす生命の大先輩。

まさに、木は神なり、木は人間の最大の恩人、木は人間の友達。

与えることを、愛することを教えてくれます。木は私達の先生、先輩なのです。ありがとうございます。


人類の文明史を観ても、文明は木の、緑の多い所で発生しています。しかし、文明が発展し過ぎて、森が消失してしまう所があります。

たとえばアフガニスタンも、かつては仏教を中心として発展した文明圏だったそうです。しかし、イスラム教の流入によって家畜を放牧するため、森林を焼き払い、結局水源を失い、砂漠化してしまったのだと言うのです。

木と人が自然の中に共生していたにもかかわらず、一方的な人の都合で、焼き畑や放牧をくり返して、森林を、木々を消失させてしまったのです。

日本の国土の七十パーセントは森林であり、近代化する以前まで全ての建造物は木造であったことからも、まさに日本は木の文化の国と言ってもさしつかえありません。

世界最古の木造建造物、法隆寺の五重塔は千数百年の時を超えて今なお健在です。そして、千年以上長持ちする大きな木もあったし、また、それを活かす匠の技もあった。ものつくり、職人の文化も、まさに千数百年前からあった訳です。

「住まい」から追放された木

住宅に関するアンケートで、「木の家」に住みたい人は常に九十パーセントに近い数字です。一般の人々の、木に対する親しみや憧れは非常に強いものがあります。

しかし、誰もが欲しい憧れの「木の家」も、求めるのが難しいのが現状です。

おまけに今では「木造住宅」といっても、木材は構造部分に限られてしまっています。眼に見えて、手に触れられるところに、木がほとんどなくなってしまいました。

新建材と称される、石油化合物によってつくられた内装材が主流です。木目や色調を木に見せていても、それは塩化ビニールなどの石油化合物なのです。


木が使われなくなった最大の原因は、「住まい」の多量生産・多量販売による規格住宅化が進んだからです。

木という自然素材は、人間同様の生命体ですから、木材として製品化されても割れたり、反ったり、ねじれたりします。節《ふし》があったり、時間と共に色の変化もします。

ですから、木に対する理解のない建て主さん、その特性をちゃんと説明できない業者には厄介な代物なのです。

かつて「住まいづくり」は、「住宅産業」などと言われるような次元のものではありませんでした。そして、「住宅産業」は「クレーム産業」とも言われています。

人生を担保にして得たお金で住宅を建てるのですから、建て主が強い期待感を持つのも当然です。しかし、職人の態度が悪かったり、長期の工程ゆえ説明不十分の事態に対し、疑心暗鬼になってしまう建て主さんも多いのです。

ちょっとした木材の節や、色シミ、天然木では当然でも、期待感の強い完璧を求める建て主さんにはクレームの対象になってしまいます。

また、かつての職人達は、建て終わってからの、木材の「すき」や「ねじれ」もある程度想定しながら仕事をしてきました。そして、引き渡し後も、建て主さんもそれをクレームとしてではなく、仕方ない事実（自然の変化）として受け止め、職人達もその対応をしてきたのです。

しかし、それはお互いに顔の見える、判り合った仲だからこそ成り立つことだったのです。

不特定多数の、価値観も何も判らない建て主を顧客とする大手のハウスメーカーや建て売り業者は、木の良さよりも、木に対するクレームの方が怖いのです。

気候風土や環境も違う、北は北海道から、南は九州、沖縄までを商圏とするメーカーやビルダーは、規格住宅の数のメリットをいかすために、木材をも同一樹種、同一規格、同一品質（含水率を含む）を要求するのです。

その結果、木材と言っても工業製品の集成材などを使うようになるのです。住宅供給者が言うでしょう。「木材を使うと、家そのものがゆがんでしまって、ドアとかがうまく開かなくなることもありますよ」

「木材は高いんです。木材を使うと、職人の手間がかかって、建築費そのものが上がりますよ」

住宅産業界の中で、経済優先の価値観の中で、木は「住まい」の中から追放されていったのです。

「住まい」が工業製品的な価値、あるいはマンションのように転売可能な資産価値しか見出せないような現状だから、木が私達から縁遠い存在になってしまったのです。

木は高い？

「木の値段は高い」「木は高級品」という認識は、一般的に根強い庶民感情です。

これは日本人の歴史に深く根差しているものですが、今や事実とまったくかけ離れています。

かつて、住宅のみならず、社寺、城郭、あらゆる建造物を建てる素材、燃料としての木炭の原材料として、木材しか無かった時代では、木を一本伐採しただけで死罪になったとも言われています。

最近は、テレビで時代劇の放送がめっきり減ってしまいましたが、「水戸黄門」にしても「大岡越前」にしても、悪徳商人の三人に一人は「材木問屋の〇〇屋」という設定でした。

何故、材木屋が「ワル」だったのか？

建築資材を一手に納め、燃料にも使える木材を扱うということは、今で言えばスーパーゼネコンであり、石油メジャーにも匹敵するもの、とは少し言い過ぎでしょうか。

悪代官や悪家老に、「〇〇屋、お主も悪よのう、フッハッハッハッハ……」といわれるほどの、経済的、社会的な力を、かつての材木屋は持っていたのでしょう。

木材という「商品」のお陰で、「悪よのう」と言われるほどの「力」を持てたし、紀伊国屋文左衛門のように巨万の富を得ることができたのでしょう。

しかし、今、木材は本当に高いのでしょうか？

さて質問です。大根一本、豆腐一丁、三十年の杉の柱で一〇・五センチ角の三メートル一本。さあ、どれが一番値段が高いでしょうか？　単価ではなく、立方メートルの体積換算の値段です。

答えは意外なことに、豆腐が一位。二位が大根。そして、最も安いのは杉の柱、木材なのです。この答えには多くの方が驚かれます。

木材は流通段階で、いろいろな価格になります。木材の小売り業者、つまり町中で見る材木屋さんが、木材問屋さんや木材市場で買う値段を、立方メートル価格五万円とします。こう言うと「一本五万円か、やはり高いな」と思われる向きもありますが、五万円は体積値段です。一本単価にすると千五百円ほどです。

この千五百円の中には、丸太から製材所へ行って柱になり、そして消費地の木材市場や木材問屋のお店に配送されるまでの運賃や、各々の流通段階でのマージンも含めての千五百円なのです。安いですよね。

大根は一年に一回生育する農産物です。豆腐は一年に一回収穫できる農産物からできる加工品です。

杉の柱は、三十年前に誰かが杉の苗を山に植えました。そして、下草刈りとか枝うちをしたり、あるいは近くの木を間引きしたりしながら、柱になるまで成長して、ついに切り倒されて、丸太になって、製材所に行くわけです。

この丸太にされる三十年間の年月にも、山師をはじめ、いろいろの人々の労力がかかっています。

材木屋さんへ行って、千五百円も出せば杉の柱を売ってはくれますが、千五百円で杉の柱を作り出すことはできるでしょうか？

木は尊いもの

例えば、杉の苗が成長して、一本の柱がとれるまでの、三十年間の太陽の光。これを人工的に電気によって光を与えたら、どれ程の電気料金が必要でしょう？

三十年間、地面から吸い上げる水の量、あるいは雨水の量。水道料金に換算したら、どれ程のお金がかかるのでしょう？

地中の養分も肥料代に換算したら……。

苗木もどこかの植木屋さんから来たのでしょうが、そもそも苗木の元、苗木そのものは、どこから得てきたのでしょう？

太陽の光、水、地中の養分、そして苗木という生命そのものは、一体誰が与えてくれたのでしょう？

杉の木を育ててくれた太陽の光も、水も、地中の養分も、苗木という生命も、「自然」によって与えられたものです。

もし、「自然」が太陽料金を払ってください。地中の水料金を払ってください。空気代を払って下さい等と要求してきたらどうなるのでしょう？

無償で与えてくれる太陽の光、水、空気の価値はお金で換算できるものではありませんが、あえて表示するとしたら「無限億円」と表示しても良いと思います。

つまり、杉の柱の値段は、ほんとうは「無限億円＋千五百円」かも知れないのです。

「自然」の力、これは神様といっても良いし、仏様といっても良いかも知れません。あるいはサムシング・グレート、偉大なる何かといっても良いかも知れません。木はそういった力によって生み出されたのです。まさに「自然の恵み」「神様からの賜わりもの」なのです。

日本人の多くは、この木の不思議な、神秘的な価値を知っています。それ故、日本人は

「木は高いもの」と考えているのです。

木は経済的に高いものではなく、貴いものなのです。「自然」が人間に無償で与えた生命の一つが、木なのです。

それ故、日本人は、神様のことを数える時に「一柱、二柱……」と数えていたのでしょうか。

しかし、今日では、木は経済的に非常に安価なものです。「卵と木材は物価の優等生」で、この半世紀は値段が安定どころか、値下がりしているのが現状です。

もちろん、樹齢三百年以上の木材は、植林不可能な希少価値があるものですから、高いものもあります。

しかし、私達が「住まい」の中で使う木材は、本来「無限億円＋千五百円」的価値ですが、一本千五百円くらいの値段なのです。木材は使われるのを待っています。

しかし、木は人間と同じで、いろいろな種類があり、そして一本一本個性も違います。木の特性やくせを熟知して、木組みのなかでマイナス要素をプラス要素に変えてきたのが、かつての大工職人でした。

ただし、今は大工職人が減っています。高齢化と若い大工職人の不足、若手大工職人の経験不足によって、せっかくの木も使いきれないという事態になりかねません。

日本の「住まい」は「木の文化」と言われても、木だけではどうしようもないのです。木を使える大工職人がいなくてはなりません。

大工さんたちが安心して働け、そして後継者がつづけられるような「三方良し」の住まいづくりが、必要なのだと思います。

「木骨住宅」ではなく「木質住宅」が理想

よく冨田辰雄が、「住まい」の勉強会（ホーミー教室）でこんなことを言っていたのを思い出します。

「皆さん、どうぞ眼をつぶってください。ねえー、真っ暗でしょう。皆さんのまわりにある建築資材は、ほとんど化石燃料から出来ているんです。真っ白なクロス、木目のデザインの塩化ビニールの新築材の建具など、様々な色どりがなされていますが、化石燃料から出来ているんですね。モグラもミミズも住まない、地下九百メートル〜千数百メートルの石油しかない世界と同じですよ」

「住まい」の素材が木材から、化石燃料を化合した素材に変わってしまいました。そのことによって、住まいづくりが町場の大工や材木屋によって建てられた「家内制手工業」から、住宅産業の「工場生産」へと変わってしまったのです。

巷には「在来軸組工法の家」とか「桧の家」とか「杉の家」とか「○○県産材の家」などなど、木の家を謳っている「住宅」があります。

しかし、構造材、つまり柱、土台、梁、母屋などが木材であって、いざ仕上ってみて、この木造住宅の中に入ってみると、一面のクロス貼り、塩化ビニールなどでできているドアやドア枠、窓枠などの造作類、全て石化化合物の集まりといっても過言ではありません。これでは「木骨住宅」といった方が妥当だと思います。

木の「住まい」を夢見ている人々に対して「木骨住宅」を「木造住宅」と謳うのは、イメージ先行の「羊頭狗肉」のように感じるのは私だけでしょうか。

冨田辰雄は「構造材は必ずしも木材である必要はない。鉄筋でも鉄骨でも良い。重要なのは、眼に見えて、手に触われるところに木を使うのだ。木質住宅で良いのだ」と言いました。

「住まい」の構造として木材が必要なのではなく、目に見える住まい環境に木が必要なのです。木は単なる建築資材ではなく、人間同様の生命力を持つ「環境素材」なのです。

木の「住まい」、木質住宅、木のオフィス、木質環境は無限の可能性を持っています。私の事務所の内装材は、桧の羽目板を使っています。訪れるお客様は口々に「いい香りですね」とか「木のにおいがしますね」と喜んでくれます。

私自身は祖父の代から材木屋で、製材所や林場（「りんば」といって木を立てておく倉庫）の中に住居があって、材木だらけの生活をしていたので、多分、木の香りにマヒしているのです。しかし、一般の人にはすでに木が特殊な存在になっているのです。

木質住宅、つまり木の内装化を求めるのであれば、マンションであれ、オフィスであれ、いわゆる「木造住宅」でなくても可能です。可能であるばかりでなく、環境の劇的変化、住む人の影響ははかり知れないものがあります。

ただ、「木」は力を持っていますから、なんでも使えば良いというものではなく、壁、床（フローリング）全部というのではなく、バランスのとれた配置が必要でしょう。それには、人間が住むための環境素材として「木材」を位置づけられる業者のアドバイスが重要です。

環境を木質化することで、その環境は変わります。そして、そこに住む人間の生活も変わるのです。

自然素材を使おう

「住まい」には、やはり自然素材を使うのが良いのです。

自然素材である有機物は、金属や石などの無機質とは異なり、心を和ませ、陽気にさせる環境を作りだします。

木以外にも、素晴らしい自然素材があります。日本では、土（土壁）や草（畳やゴザなど）も多用してきました。

かつての日本の「住まい」は、木と土と草を建築素材とし、間仕切りは障子と襖、外壁は土壁という、まったく素朴な有機環境でした。

しかし、それでも数百年の歳月を経て存在しているものもあります。今にも壊れそうな構造物のようですが、立派に自然の脅威に耐えて、数百年の耐久性を誇っているのです。

神社仏閣等、その最たるものでしょう。

この伝統を新しいかたちで、もう一度、日本の「住まい」に復活させるのも良いのではないでしょうか。

木、土、草という生命のある素材でできた環境の中で、自然の恵みである太陽の光と新鮮な空気を十分にとり入れる。

そうすることによって、人間の生命も健やかに育まれるのです。

人間として本当の豊かな生活も、そのようなところにあるのではないでしょうか。

第7章　お施主様からの手紙（実例写真付き）

私共は、「住まいづくり」を生業としています。

それは毎日お施主様たちと、幸せを呼ぶ「住まい」を求めて試行錯誤をくり返す日々です。

極意である「間取り」プラン一つとっても、お施主様の家族構成、家族の性格、気候風土等の敷地の環境、予算等、さまざまな要素を考慮しながら、理想の「間取り」を求めます。お施主様の数だけ「間取り」プランがあるのです。

「住まいづくり」に、完璧な答えなどありません。

しかし、試行錯誤のすえに、お施主様たちの満足のいく「住まい」が完成し、長くお付き合いさせていただける関係が生まれると、至上の喜びを感じます。

最後に、広告製作会社を経営しているお施主様が、私共のために作ってくれた広告《ビデオレター》をご紹介させていただきます。

【広告】

祖母の他界で一人になった祖父は
施設に入るか、
マンション暮らしをするかで、
家を売る選択を迫られていた。
転勤を17回繰り返し、
理想の老後を暮らすための
祖父自慢の家だった。

やはり「離れたくない」。
祖父の願いは強く、
売却は取りやめ、妻の理解もあって、

１歳の娘と、私、妻、
祖父の４人で暮らすことになった。
築33年の祖父の家を
新生活のためリフォームを決めた。

３社に相見積もりをお願いした。
値段が安くてスピードの速い大手。
最新デザイン重視の新しい会社。
淡々と打ち合わせが進む中、
一社だけ私たち夫婦の要望に
躊躇する工務店があった。
この家の施工主
「マルトミホーム」だった。

妻がずっと憧れていた
テラコッタの石貼りキッチン。
この注文に対して
女性は体を冷やしてはいけない、
冬も床暖房は効きが悪い、
天然木が肌にもやさしい、と。

また、1歳の娘が
壁紙を破いたり、
醤油で汚すことを気にして
素材選びに慎重になっていると、
「汚してもいいじゃないですか」
「それも思い出ですから。」
私ははっと気づかされました。

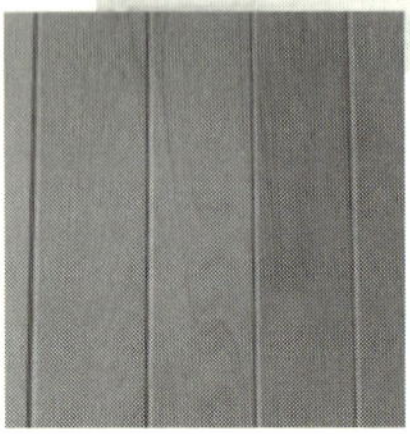

自分も幼いころ、
壁紙をはがした。
落書きもいっぱいした。
そして、そんな壁が好きだった。

白あり駆除の必要性を
訊ねたところ
「おすすめはしません、
小さいお子様に良くないですから」
「アリに食われて梁を新しくするくらい、
安いものです。
命には変えられませんから」

恥ずかしかった。

私より、家族のことを考えている。
誰よりも自分達のことを
考えてくれている。
ここにお願いしようと決めた。

熱心な職人さんと
直接打ち合わせは
本当に楽しく、
現場に何度も足を運んだ。
なんでも親身に相談にのってくれた。

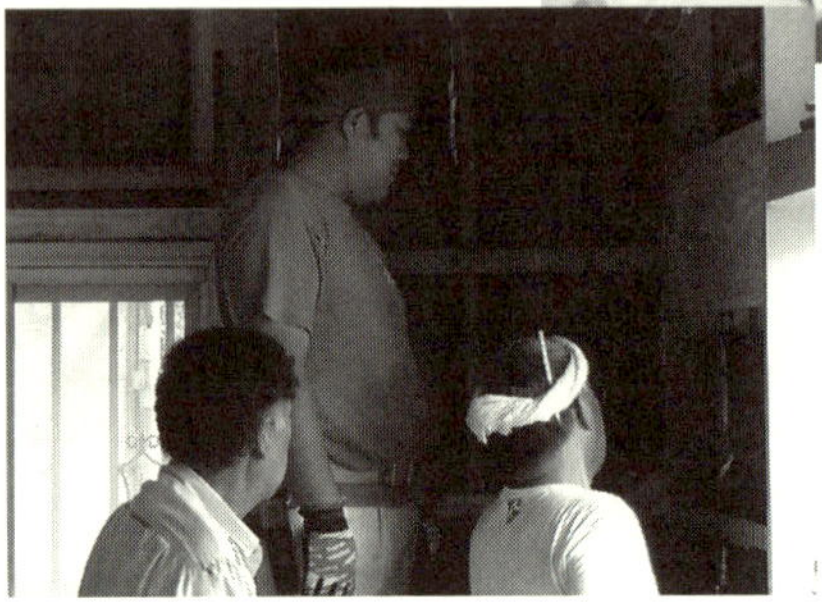

また、滑りの悪かった雨戸の修理。
頼んでいない小さな気遣い。
こんな工務店が
まだ日本にあることが
嬉しかった。

今回のリフォームで、
生きる大切さを考えさせられた。
マルトミホームの打ち合わせは
単に「間取り」のプランづくり、
ということではなく
家族を見つめ直す
本当に貴重な時間となった。

おかげで本当に幸せな「住まい」となり、
祖父が建ててくれたこの家を
次は、私の未来の孫につなぐ
そんな世代を超えた家にしたい、
そう思っています。

結びにかえて（師・冨田辰雄へ感謝を込めて）

本書の多くは、「住まいづくり」の師匠である冨田辰雄から教えられたことです。こう書くと、照れ屋の冨田はきっと言ったことでしょう。

「いやあ、これは伝統科学の教えだよ。有名無名の大工職人先達の知恵の結晶を、ただ自分がまとめただけだ。先人先達も、自然の摂理、道理から学んだだけだ。ほんとうの先生は自然だ」


さて、最後になりましたが、冨田辰雄について書かねばなりますまい。

これからは、冨田の事を「辰っつあん」という自他共に認めていた愛称を以って記していきたいと思います。


辰っつあんは、昭和三年（一九二八年）、山形県上山の貧しい大工の家庭で育ちました。小学校もろくに卒業したかどうか判らないうちに、宮大工の内弟子になり、その後、上京して数寄屋大工の内弟子となりました。厳しい修業時代だったようです。

「ぶきっちょな大工でしたから、鉋《かんな》がけが大の苦手でした。いつも兄弟子に怒られていましてね。いい齢になっても、その事を夢に見るんだよね」

しかし、持ち前の社交性、向上心があいまって、戦後の住宅需要の波に乗り、独立開業。当初は大手デベロッパーの下請けの工務店としてスタートしました。

ところが、「住まいづくり」が産業化していき、住宅が住む人にとってではなく、建てて売る側に都合の良いものになっている現実を見て、注文住宅の道へと進みます。それは、大工職人として、商業主義の「住まいづくり」に対する反発心と、持ち前の正義感によるものでした。

やがて自社を注文住宅専門会社に育て上げて、上場企業を目指すほどの勢いになりました。しかし、好事魔多し。故郷に錦を飾るべく始めた山形県上山市の二十万坪に及ぶ土地造成に失敗し、和議申請せざるをえなくなったのです。

その後、会社は再建されるのですが、「和議」という事実が心の中に終生わだかまりとして残っていたようでした。辰っつあん自身が、良い仕事と企業規模を拡大することの難しさを身をもって証明してしまったのです。

辰っつあんが主宰する「幸福を生む住まいづくり」を標榜する環境研究グループ「ホー

ミースタディーグループ」は、北は北海道から南は九州沖縄まで全国の建築会社、工務店、木材会社、設計家など住宅に関わる約三百社（延べ）の会員を擁し、三十年間、地道に活動してきました。

晩年、辰っつあんは「幸福を生む住まい」や住宅の目的や役割を、行政に対しても、業界に対しても、マスコミに対しても、真摯に訴えかけました。しかし、それは夜空に叫ぶが如く、その声は虚しく闇夜に吸い込まれてしまったのでした。

辰っつあんは、よく講演会の冒頭にこんなことを言うのでした。

「みなさん、講演に先立って、私は先ず皆様にお詫びしなくてはなりません。日本を悪くしたのは、私達、建築屋です。日本の住宅を間違った形で供給した。経済至上主義で、良き日本の伝統を壊したのは、建築屋の責任です。この間違った『住まいづくり』から、家庭を破壊し、家族関係を壊し、人間性を低俗にしたのは、私達、建築屋の責任なのです」

真顔で謝るのです。

辰っつあんは、終戦直後の日本の住宅づくりの歴史を身をもってなぞってきました。

辰っつあんの舌鋒は、住宅行政、業界に向かいました。

辰っつあんが唯一の救いとしていたのは、建て主さん（お施主様）との交流でした。建て主さんとの「住まいづくり」を通して、具体的にはプランづくりを通して、建て主さんの家族の幸福な人生を心から願ったのです。

それ故、「幸せ」といっても漠然とホンワカしたものではなく、ある時は、「あなたの将来のために、玄関をもっと大きくしなさい」と建て主さんに説教する場合すらありました。

「町場の大工や工務店は、大手のマネばかりしている。そんなことではダメだ。お施主様に寄り添って、お施主様の将来のため、永続する幸福を考えてさしあげるんだ」と言うのが、辰っつあんの口癖でした。

「間取り」プランの追究と共に、辰っつあんが愚直なまでに続けたのが、住まいの勉強会（ホーミー教室）です。相手が一人でも行ってきました。

思えば、辰っつあんの人生は、自然を師匠とした、自然と調和した、人間らしく生きるための「住まいづくり」の道でした。

私は祖父から数えて三代目の材木問屋です。

二十八歳の時、辰っつあんに出会い、「住まいは人間の最も身近で、影響のある環境である」という考え方を学びました。弟子の中で優秀な方ではありません。しかし、縁あって、辰っつあんの残した工務店の部門の事業を引き継ぐことになりました。

辰っつあんが時には行政や業界に対して批判し、そして絶望しつつも、「住まいづくり」を己が生業（天職）と信じて、事業に邁進することを、私を含めホーミースタディーグループに集まった弟子達（工務店、材木屋、建築士）も学び、実践してきました。

これからも、ご縁があった方々に、一棟でも、また一社でも、建て主の「幸福」を追求していきたいと考えています。

それこそが、私にできる一番の、辰っつあんへの恩返しなのです。

参考文献

『なぜ、いま木の建築なのか』有馬孝禮著／学芸出版
『棟梁辰っつあんの住宅ルネサンス』冨田辰雄著／光霊社
『幸福を生む家の建て方』冨田辰雄著／ＰＨＰ研究所
『家をつくって子を失う』松田妙子著／（財）住宅産業研修財団
『生命を育む木の空間』けん木れん（静岡県木材協同組合連合会）

窪寺伸浩（くぼでら・のぶひろ）
昭和36年東京都生まれ。東洋大学文学部卒。昭和21年創業の老舗木材問屋の三男として生まれ、台湾、中国等からの社寺用材の特殊材の輸入卸を行うかたわら、神棚マイスターとして、神棚の販売を通じてどこの家でも見られなくなってきた神棚の大切さとその存在意義を普及する活動を行い、様々な企業の朝礼で神棚の祀り方などをアドバイスしている。「木を哲学する企業」を名乗るクボデラ有限会社代表取締役社長。東京神棚神具事業協同組合理事長。三十年余り、全国の志ある工務店、木材業者、設計士等によってつくられた「幸福（しあわせ）を生む住まいづくり」を提唱し、実践する環境研究グループ「ホーミースタディーグループ」の中核メンバーのマルトミホーム株式会社の社長でもある。著書に「材木屋ケンちゃん行状記」（ミーナ出版）、「なぜ儲かる会社には神棚があるのか」（あさ出版）がある。

幸せを呼ぶ「住まい」づくり
――住むことを真剣に考えはじめたら必ず読んでおくべき本

二〇一二年十月十五日　初版第一刷発行

著　者　窪寺伸浩
装　丁　横山　恵
発行者　宮島正洋
協　力　竹森良一（「WAGO」編集長）
発行所　株式会社アートデイズ
〒160-0008　東京都新宿区三栄町17 V四谷ビル
電　話（〇三）三三五三―二二九八
FAX（〇三）三三五三―五八八七
http://www.artdays.co.jp
印刷所　モリモト印刷株式会社